Sturm aufs Große Haus

Gregor Gysi
Thomas Falkner

Sturm aufs Große Haus

Der Untergang der SED

EDITION FISCHERINSEL
Berlin

Gedanken von Gregor Gysi,
Thomas Falkner und Werner Hübner –
aufgezeichnet von Thomas Falkner

ISBN 3-910164-07-2
© EDITION FISCHERINSEL
in der Druck- und Verlagsanstalt „das blatt" GmbH
Berlin 1990
Umschlag: Wolfgang Gebhardt/Hans-J. Malik
Typografie: Angela Jessel
Lichtsatz und Druck: Nationales Druckhaus GmbH i. G.
Buchbinderische Weiterverarbeitung:
Leipziger Großbuchbinderei GmbH

Inhalt

Vorwort

Das Ende der SED — Offenbarungseid über das Ausmaß einer politischen, wirtschaftlichen und moralischen Katastrophe; die letzten Zuckungen eines von eitlen Greisen geführten Kolosses, ehe er zu Staub zerfällt; der letzte Sprengsatz unter dem, was Generationen in 40 Jahren ihres Lebens erarbeitet haben; der Tod vieler Hoffnungen und die zerstörte Chance für eine von alten Interessenkonflikten nicht zerrissene, sich der Verantwortung vor der Welt bedingungslos stellende Gesellschaft.

Das Ende der SED — der Aufbruch eines Volkes zu Demokratie und Würde; das Ergebnis einer gewaltigen, aber gewaltfreien und friedlichen Revolution; der Fall der Mauer und das Fanal zum Ende des kalten Krieges; die deutsche Einheit und das Wetterleuchten einer zusammenwachsenden Weltgemeinschaft, in der die Völker ihre Kräfte immer weniger gegeneinander richten und immer mehr miteinander gegen Unterentwicklung und Unterdrückung, gegen Hunger und Natursterben nutzen.

Im Herbst 1989 und danach ist viel gerätselt worden, wann das Ende der SED eigentlich begonnen hatte. Mit dem Unvermögen von Krenz? Mit der falschen Personalentscheidung überhaupt? Mit den trotzigen Jubelfeiern zum 40. Jahrestag der DDR und der Gewalt gegen Bürger, denen nicht mehr zum Feiern zumute war? Mit der vorausgegangenen Formierung der Oppositionsgruppen?

Das Ende der SED — sicher begann der letzte Akt, als der Staatspartei im Sommer 1989 das Volk zu Zehntausenden davonlief. Aber die eigentlichen Anfänge liegen noch viel weiter zurück, und sie liegen auch viel tiefer. Sie traten zu Tage, als sich Honecker und Co. der Perestroika verweigerten und sie zu bekämpfen begannen. Sie äußerten sich, als dieselben Leute auf den Kampf der polnischen Solidarnosc um Demokratie und Freiheit mit genau den Mitteln der Machtausübung reagierten, die in Polen gerade gescheitert waren: verschärfte Zensur, Unterdrückung, Überwachung. Schon Jahre zuvor hatte man im eigenen Land die Versuche von Intellektuellen, nach dem menschlicheren Kurs der frühen 70er Jahre im Bereich Wirtschaft und Soziales eine gewisse Liberalisierung in Kultur und Geistesleben zu erreichen, durch Ausbürgerung, Druck und

Mundtotmachen abgewürgt. In den Ereignissen um die Ausbürgerung von Wolf Biermann zeigte sich, daß der gesamte Kurs, den die neue SED-Führung um Honecker auf dem VIII. Parteitag 1971 eingeschlagen hatte, auch nicht mehr war, als eine konservative Antwort auf die Herausforderungen der späten 60er Jahre: Prager Frühling, aufkeimende Entspannung, veränderte militärstrategische Lage seit Herstellung des annähernden Gleichgewichts.

Doch das war nicht einmal überraschend: Ob angesichts der Ereignisse von 1956 in Ungarn und Polen oder der eigenen ernsten Erfahrungen mit dem 17. Juni 1953 — auf existentielle Herausforderungen reagierte die SED letztlich immer konservativ. Machterhalt rangierte stets vor der Suche nach demokratisch-sozialistischen Alternativen.

Das hatte seine tieferen Wurzeln in den Bedingungen, unter denen Parteien bolschewistischen Zuschnitts die Macht eroberten und behaupteten: nämlich niemals in den am meisten entwickelten Ländern, sondern meist unter Ausnutzung eines gesellschaftlichen Totalzusammenbruchs nach einem furchtbaren Krieg; späterhin dann auch mit massiver Unterstützung Gleichgesinnter von außen.

Gesellschaftspolitisch fehlte der Grundstock, um wirklich alternative, nach vorn gewandte Modelle zu entwickeln — das machte es um so schwerer, den notwendigen Übergang von der Situation des Totalzusammenbruchs zur gesellschaftlichen Normalität der Interessenvielfalt zu erkennen, geschweige denn zu vollziehen. Dennoch gab es Wiederaufbau, gab es wirtschaftliches Wachstum, gab es Entwicklung. Vor diesem Hintergrund entstanden auch immer wieder historisch offene Situationen, die eine demokratische, wirklich gesellschaftliche Alternative möglich gemacht hätten.

Das Ende der SED reicht also weit zurück — aber es war kein von Anfang an vorprogrammierter Automatismus. Diejenigen, die hier ihre Erinnerungen, Erlebnisse, Erfahrungen und Erkenntnisse vorstellen, haben das Ende der alten SED in ihr selbst und aus ihr heraus zwar ernsthaft betrieben, aber für sie verband sich damit immer die Vorstellung von einer neuen Partei, einer neuen Chance für die Gesellschaft.

Gregor Gysi — der Berliner Rechtsanwalt, der als Parteivorsitzender die Erbmasse der SED übernahm, etwa ein Achtel der Mitgliedschaft in die PDS überführte und erst jetzt — nachdem seine SED-Vorgänger mit ihren Geschichten schon in den Medien Fuß gefaßt haben — dazu kommt zu sagen, wie es wirklich war. Er wollte und will eine moderne sozialistische Partei mit breiter Tradition links von der deutschen Sozialdemokratie.

Thomas Falkner – der Nachrichten-Redakteur beim Rundfunk der DDR, Ende November 1989 in der Plattform WF Mitbegründer der ersten wirklichen Fraktion in der stalinistischen SED und dann für einige Monate als Parteivorständler im Kampf um die Demontage der Staatspartei und um die Entscheidung über ihre politische Perspektive, ehe er sich von ihr löste und sich aus der aktiven Politik verabschiedete. Ihm schwebte eine deutliche Sozialdemokratisierung der SED-Konkursmasse vor, mittelfristig ein Miteinander von demokratischen Sozialisten und Sozialdemokraten, langfristig schließlich *eine* starke Kraft – aus welcher der beiden Strömungen auch immer hervorgegangen.

Uns zur Seite stand bei diesem Buch *Werner Hübner*, ehemaliger NVA-General und einer der Vordenker im Apparat des SED-Zentralkomitees, der 1989 mit dem späteren Politbüro-Mitglied Wolfgang Herger die Entmachtung von Generalsekretär Honecker betrieb, den Versuch unternahm, die DDR zu reformieren, und der schließlich vom stürzenden Politbüro und Zentralkomitee selbst fast hinweggerissen wurde. Von ihm, der bislang seine Erlebnisse nicht vor der Öffentlichkeit dargestellt hat, erfahren wir einiges über das, was sich im „Großen Haus" – wie das Gebäude des SED-Zentralkomitees im DDR-Politjargon hieß – abgespielt und auch nicht abgespielt hatte, ehe Gregor Gysi und Thomas Falkner in dieses Haus einzogen. Werner Hübner wollte eine zu vernunftgemäßem und effektivem Handeln fähige, strategisch denkende und mit den besten Konzepten überzeugende, aus hierarchischer Unterwerfung befreite und moralisch geläuterte Partei, die sich aus sich heraus erneuert und vom Ballast verfehlter Doktrinen befreit.

Das Ende der SED – es vollzog sich durch den Druck Hunderttausender Menschen auf den Straßen und Plätzen der DDR, in Amtsstuben, über schlechte und abgehörte Telefonleitungen, in den Medien West und später auch Ost. Es vollzog sich außerhalb der SED, und es vollzog sich innerhalb der SED.

Aus ihren machtorientierten, konservativen, egoistischen Grundansätzen kam die Partei auch nicht heraus, als sie sich von der SED zur PDS gewandelt hatte. War schon auf dem außerordentlichen Parteitag im Dezember 1989 in der Frage der Auflösung der alten SED letzten Endes die Bewahrung des Parteivermögens über die Politikfähigkeit gestellt worden, so entwickelte sich im Jahr danach daraus der Nährboden für zunächst zweifelhafte und politisch-moralisch unakzeptable, schließlich illegale

8

Finanz- und Vermögensmanipulationen großen Stils. So endet die Geschichte dieser Partei möglicherweise in diesen Tagen, in denen dieses Buch erscheint. Die Ereignisse holten uns während der Drucklegung ein, so daß wir dabei bleiben mußten, den Untergang der SED bis zu jenem Zeitpunkt zu beleuchten, da die Partei noch SED hieß.

Davon wird in diesem Buch erzählt. Keine geschichtswissenschaftliche, auch keine politologische Gesamtdarstellung der Vorgänge von Sommer 1989 bis Februar 1990 und ihrer Vorgeschichte also, sondern Auskunft von Leuten, die innerhalb der SED deren Ende als Staatspartei und ihre Transformation zu einer demokratisch erträglichen Partei betrieben haben. So wird ein Bild vom Ende der alten SED entstehen, das aus ganz unterschiedlichen Perspektiven gezeichnet ist: aus der Sicht des kritischen, die Opposition verteidigenden Rechtsanwalts und politischen Senkrecht-Starters; aus der Sicht der kämpfenden, der sich befreienden und doch so kaputten Parteibasis; aus der Sicht der zwischen den Fronten zerriebenen reformwilligen Kräfte des Parteiapparates. Dieses Bild entsteht aus den Erinnerungen von Menschen, die das Ende der SED mehr oder weniger konsequent, jedoch maßgeblich geprägt haben. Es entsteht dank der Mitarbeit von Menschen, denen ich für ihre stundenlangen Gespräche mit mir, für ihre seitenlangen Zuarbeiten und vor allem für ihre von jeglicher Eitelkeit befreite Ehrlichkeit danken möchte.

Thomas Falkner, 10. Oktober 1990

Der Aufbruch

„Unser Land lebt in innerem Unfrieden" – so beginnt der Gründungsaufruf, den die Bürgerbewegung Demokratie Jetzt am 16. September 1989 auf der evangelischen Bundessynode in Eisenach bekanntmacht. Ein „großer Verlust an Zustimmung zu dem, was in der DDR geschichtlich gewachsen ist", gehe durch das Land, heißt es weiter. Warum? Menschen wie der Kirchenhistoriker Wolfgang Ullmann, der Wissenschaftler Hans-Jürgen Fischbeck und der Filmregisseur Konrad Weiß – einige Wochen später schon das sanfte, aber konsequente Gewissen der Revolution – sahen die Dinge so:

„Viele vermögen ihr Hiersein kaum noch zu bejahen. Viele verlassen das Land, weil Anpassung ihre Grenzen hat . . . Trotz seiner unbestreitbaren Leistungen für soziale Sicherheit und Gerechtigkeit ist es heute offenkundig, daß die Ära des Staatssozialismus zu Ende geht. Er bedarf einer friedlichen und demokratischen Erneuerung . . . Entgegen allen Schönfärbereien sind die politischen, ökonomischen und ökologischen Krisenzeichen des Staatssozialismus auch ,in den Farben der DDR' unübersehbar. Nichts aber deutet darauf hin, daß die SED-Führung zum Umdenken bereit ist . . . Wir wenden uns an alle, die von der Not unseres Landes betroffen sind. Wir laden alle Initiativgruppen mit ähnlichen Anliegen zum Zusammengehen ein. Insbesondere hoffen wir auf ein Bündnis von Christen und kritischen Marxisten. Laßt uns gemeinsam nachdenken über unsere Zukunft, über eine solidarische Gesellschaft . . ."

Zwei Tage später erfahren DDR-Bürger, die so oder ähnlich denken, eine SED-offizielle Belehrung. Im „Neuen Deutschland", dem Organ des Zentralkomitees, trifft der Rektor der Parteihochschule, Kurt Tiedke, mit Blick auf die bald 40jährige Geschichte der Republik eine „generelle Feststellung": „Der damals zum Sozialismus eingeschlagene Weg erweist sich als richtig . . . Nichts, aber auch gar nichts spricht für die Notwendigkeit einer Kurskorrektur, d. h. für ein Abgehen von unseren programmatischen Zielen, von unserer Sozialismusauffassung, von unserer ganz auf das Wohl des Volkes gerichteten Politik. Zu dieser Politik gibt es wahrlich keine brauchbare Alternative."

Mit dieser Botschaft im Rücken beantragt am selben Tag

das bereits am 10. September 1989 gegründete Neue Forum seine förmliche Zulassung als politische Vereinigung. Die Sicht des Forums ähnelt der von Demokratie Jetzt. „In unserem Staat ist die Kommunikation zwischen Staat und Bürgern offensichtlich gestört . . . Die gestörte Beziehung zwischen Staat und Gesellschaft lähmt die schöpferischen Potenzen unserer Gesellschaft und behindert die Lösung der anstehenden lokalen und globalen Aufgaben . . . Wir bilden deshalb gemeinsam eine politische Plattform für die ganze DDR, die es den Menschen aus allen Berufen, Lebenskreisen, Parteien und Gruppen möglich macht, sich an der Diskussion und Bearbeitung lebenswichtiger Gesellschaftsprobleme in diesem Land zu beteiligen . . . Die Tätigkeit des ‚Neuen Forums' werden wir auf gesetzliche Grundlage stellen. Wir berufen uns hierbei auf das in Art. 29 der Verfassung der DDR geregelte Grundrecht, durch gemeinsames Handeln in einer Vereinigung unser politisches Interesse zu verwirklichen."

Wieder einen Tag später hat sich das Ministerium für Staatssicherheit seine Meinung gebildet und teilt sie in einem als „streng geheim" deklarierten Papier ausgewählten Mitgliedern des SED-Politbüros und Abteilungsleitern im Apparat des Zentralkomitees mit. Darin wird vorgeschlagen, „alle erforderlichen Maßnahmen zur Unterbindung der Formierung feindlicher, oppositioneller Kräfte in DDR-weiten Sammlungsbewegungen bzw. Vereinigungen, einschließlich von Versuchen, diese zu legalisieren", zu ergreifen. Zu Anträgen auf Zulassung neuer Vereinigungen meinte das MfS: „Den Antragstellern ist im Rahmen der gesetzlichen Bearbeitungsfrist in einem persönlichen Gespräch mitzuteilen, daß ihrem Antrag nicht entsprochen wird, da für die beabsichtigte Gründung der Vereinigung kein gesellschaftliches Bedürfnis besteht. Sie sind darauf hinzuweisen, daß zur Wahrnehmung politischer und gesellschaftlicher Interessen in der DDR bereits umfassende Organisationsformen bestehen . . . Sie sind über die Ungesetzlichkeit und Rechtsfolgen weiterer Gründungshandlungen und anderer mit der Organisierung einer Vereinigung in Zusammenhang stehender Aktivitäten zu belehren. . . . Bei Verstößen der Antragsteller oder weiterer Mitwirkender . . . gegen die Rechtsordnung der DDR sind konsequent Ordnungsstrafmaßnahmen; bei Vorliegen individueller strafrechtlicher Verantwortlichkeit Strafverfahren durchzuführen."

Wieder vergehen nur kaum zwei Tage, da lehnt das Innenministerium die Zulassung des Neuen Forums als politische Vereinigung ab. Begründung: Dessen Ziele widersprächen der Verfassung der DDR.

Unterdessen haben bereits 2500 DDR-Bürger den Aufruf des Neuen Forums unterschrieben. Die Initiatoren wollen die Ablehnung aus dem Ministerium gerichtlich überprüfen lassen. Sie wenden sich an den Berliner Rechtsanwalt Dr. Gregor Gysi und bitten ihn, das Neue Forum in dieser Sache zu vertreten.

Gregor Gysi erinnert sich:

Mir ging bei dieser Entscheidung eine Menge durch den Kopf. Ich hatte schon den Eindruck, daß die Entwicklung, die das Neue Forum verkörperte, auf Dauer gar nicht zu verhindern war. Alles spielte sich zwar noch vor den großen Demonstrationen und der Gewaltanwendung durch die Sicherheitsorgane ab — aber man spürte doch, daß es so nicht weitergeht.

Man mußte aber schon ein bißchen mehr darüber nachdenken, bewußter handeln. Das Entscheidende war: Wir wußten ja nicht, zu welchem Weg sich die Führung entscheidet, ob sie nun voll den Weg der Repressalien geht oder nicht. Und schließlich waren Bärbel Bohley und ihre Mitstreiterin erst unmittelbar nach dem Zeitpunkt zu mir gekommen, zu dem der Antrag abgelehnt worden war. Vorher hatten sie mich nicht beauftragt. Der Innenminister hatte da bereits in einer offiziellen Mitteilung, die auch über ADN an die Presse ging, festgestellt, daß es sich beim Neuen Forum um eine staats- und verfassungsfeindliche Organisation handele. Gleiches hat anschließend in einer Rede MfS-Chef Mielke wiederholt.

Erst danach habe ich die Vertretung übernommen. Weil ich eben ein politischer Anwalt war? Ich hatte zwar einen diesbezüglichen Ruf, nachdem ich eine Reihe von Dissidenten vertreten hatte, aber man darf es natürlich nicht übertreiben: So viele Dissidenten standen nun auch wieder nicht vor Gericht, als daß man davon allein hätte leben können. Ich hatte eine normale Anwaltspraxis mit Ehescheidungen, Zivilrecht, Verwaltungsrecht und allen Kapiteln des Strafrechts, also auch dem Bereich der allgemeinen Kriminalität. Das schloß auch ein, z. B. Mörder zu verteidigen.

Der Anteil politischer Fälle nahm allerdings immer mehr zu — selbst im Verwaltungsrecht hatte man zum Schluß damit zu tun, als die gerichtliche Nachprüfung etwa der Ablehnung von Ausreise-Anträgen möglich geworden war. So kam es, daß ich einen ziemlich guten Überblick über die Probleme der verschiedenen sozialen Schichten hatte, denn ich habe Arbeiter genauso vertreten wie Professoren und Asoziale. Das einzige, womit ich damals kaum in Berührung kam, war Wirtschaftsrecht.

12

Aus den Erfahrungen dieser Arbeit heraus stand für mich als SED-Mitglied die Frage nach der Grundakzeptanz gegenüber dieser Partei ziemlich hart. Diese Grundakzeptanz bestand, glaube ich, darin, daß ich mir sagte, ich sei immer noch auf der richtigen Seite der Menschheit: Es gab in der DDR eine höhere Bereitschaft zu Frieden und Abrüstung – auf der Schattenseite dafür wieder eine größere Militanz in der Erziehung. Es gab eine wesentlich eingeschränkte soziale Ungleichheit, es gab dieses als Volkseigentum deklarierte Staatseigentum an Produktionsmitteln. Es gab Tendenzen einer sozialen Entwicklung, es gab auch partiell rechtlichen Fortschritt – etwa im Sozialbereich, im Arbeitsrecht, aber auch im Familien- oder Zivilrecht.

Und dann sollte man nicht vergessen: Die SED war ja nicht nur allgemein zu erleben, sie war für jeden konkret. In meiner Parteigruppe, bei den Rechtsanwälten, herrschte eben eine völlig andere Atmosphäre als etwa unter den Staatsanwälten. Wäre ich nach dem Studium Staatsanwalt geworden, so wäre mein Bruch mit der SED wahrscheinlich wesentlich eher und wesentlich konsequenter erfolgt. Aber nun war ich Verteidiger und Rechtsanwalt – und unter den dortigen SED-Mitgliedern fühlte ich mich eben viel wohler. Hier waren alle eher kritisch eingestellt.

Und es keimte insbesondere ab 1985 die Hoffnung, daß sich die Führung nicht ewig dem Kurs von Gorbatschow verschließen kann. Im Grunde genommen existierte diese Hoffnung schon seit Helsinki, weil die mit der KSZE verbundene außenpolitische Öffnung ohne innenpolitische Öffnung nicht auf Dauer gutgehen konnte. Die Schere zwischen Außenpolitik und Innenpolitik wurde jedoch immer größer.

Im Januar 1988 war mir schließlich klar, daß die Politik der Repressalien ja auch gar nicht mehr funktionierte. Eine kleine Gruppe junger Leute, damals um den Liedermacher Stefan Krawczyk, die Regisseurin Freya Klier, die Malerin Bärbel Bohley, will mit einer Losung von Rosa Luxemburg zu einer Demonstration zu Ehren von Rosa Luxemburg. „Freiheit ist immer die Freiheit der Andersdenkenden" – der Staat kann diesen Satz nicht ertragen. Aber das ist noch gar nicht der Punkt, warum die Politik der Repressalien aufhörte zu funktionieren. Er lag auf einer anderen Ebene: Denn wenn ein Staat nach einer Demonstration 150 oder mehr Leute festnimmt, um sie innerhalb von 48 Stunden in den Westen zu entlassen, und die kleine Gruppe, die in die Bundesrepublik nicht möchte, geradezu anbettelt, daß sie vorübergehend nach Großbritannien reist, dann ist das ein

Ausdruck dafür, daß er nicht *mit* ihnen leben kann, daß er aber andererseits auch keine Instrumentarien mehr *gegen* sie hat – welcher Art auch immer. Damals wurde unter Anwälten klar: Das ist das Ende. Die Führung hätte einen völlig neuen Weg beschreiten müssen, aber das hat sie eben nicht getan.

Also: Ab 1985 begann die Hoffnung. Im Januar 1988 war mir bewußt geworden, daß es so nicht weitergeht. Und ab Mai 1989 wurde mir auch klar, daß ein normaler Wechsel in der Führung nicht mehr zustande kommt und daß die gesellschaftliche Entwicklung sich katastrophal zuspitzt. Mit der Öffnung der Grenze in Ungarn und der beginnenden Fluchtwelle kam der entscheidende Schub. Die Entwicklung der DDR mußte auf irgend etwas Katastrophales hinauslaufen, wenn ich damals auch noch nicht genau wußte, worauf.

Ich besuchte die Botschaften der Bundesrepublik in Berlin, Prag und Warschau, in denen Hunderte bzw. Tausende von Menschen auf ihre Übersiedlung in den Westen warteten. Denen habe ich für den Fall, daß sie in die DDR zurückkommen wollten, um dann von dort aus ihre Ausreise weiter zu betreiben, anwaltliche Hilfe angeboten. Ich habe ihnen gesagt, alle Anwälte stünden bereit, für sie die Anträge aufzusetzen und sie mit ihnen durchzufechten. Aber die Stimmung und die große Anzahl junger Leute: Als ich das erlebte, habe ich begriffen, daß nichts mehr geht. Und daß diese völlig überalterte Führung den Problemen gänzlich hilflos gegenüberstand, daß sie nicht mehr wußte, was sie machen sollte.

Das war aber nicht der eigentliche Ausgangspunkt dafür, daß ich im September 1989 letztlich die Vertretung des Neuen Forums übernahm. Der eigentliche Beginn meiner Rolle als sogenannter politischer Anwalt lag schon in dem Verfahren gegen Rudolf Bahro. Bis dahin hatte ich einige Leute wegen Grenzdelikten oder wegen „Staatsverleumdung" – später hieß das „öffentliche Herabwürdigung" – verteidigt. Aber mit Delikten von politischer Brisanz ging es erst nach dem Bahro-Prozeß richtig los.

Der Prozeß, auch seine Vorbereitung, die Gespräche mit Rudolf Bahro waren für mich nicht einfach, sie waren sehr spannend und deprimierend zugleich. Ich habe mich für Bahro sehr wohl in dem Wissen engagiert, daß das Urteil doch eigentlich schon da war, daß ich also nicht viel ausrichten konnte. Ich habe den Freispruch gefordert, weil ich der Meinung war, Bahro mußte wenigstens das Recht auf eine Stimme in diesem Verfahren haben, die klar erklärte: Ich halte das Problem für etwas, womit man sich politisch auseinandersetzen kann, aber nicht für etwas, das eine strafrechtliche Verantwortung rechtfertigt. Der Tatbestand wurde deutlich verbogen. Der jetzige Freispruch im Kassations-Verfahren war auch nach dem damaligen Recht erforderlich! Neues Recht brauchte man dafür gar nicht. Bahro stand natürlich aus politischen Gründen vor Gericht. Völlig klar. Nach der damaligen Rechtslage hätte man den leichtesten Weg wählen und ihn wegen „Hetze" anklagen können. Dafür hätte man in seinem Buch „Die Alternative" nur ein paar Sätze herausklauben müssen. Wenn man gewollt hätte, wäre sogar eine „Hochverrats"-Konstruktion möglich gewesen: Bahro hatte an einer Stelle erklärt, ein Fehler beim Prager Frühling habe u. a. darin bestanden, daß man damals die alte Führung nicht eingesperrt hatte – das dürfe man in der DDR, wenn es denn hier mal losginge, nicht wiederholen.

Diese Anklagevarianten – die natürlich rechtsstaatlich mehr als bedenklich gewesen wären – wollte man aber allesamt nicht. Man wollte aus Bahro ja keinen Dissidenten, sondern einen Agenten machen. Deswegen waren die Prozeß-Drahtzieher so scharf darauf, ihn wegen Nachrichtenübermittlung zu verurteilen. Damals war der Tatbestand so definiert, daß die Nachrichtenübermittlung nicht in der Weitergabe von Geheimnissen bestand – die fanden sich in Bahros Buch gar nicht –, sondern verfolgt wurde die Übermittlung von Nachrichten im allgemeinsten Sinne, sofern sie an eine Einrichtung gegeben wurden, die sich eine Tätigkeit gegen die DDR zum Ziel gemacht haben sollte.

Bahro hatte aber sein Manuskript an einen Gewerkschaftsverlag in der Bundesrepublik geschickt. Jetzt traute sich niemand zu erklären, das sei eine gegen die DDR gerichtete Einrichtung. So trat man die waghalsige Konstruktion an, daß auf dem Wege der Veröffentlichung des Buches in diesem Verlag die in dem Buch enthaltenen Informationen allen Institutionen in der Bundesrepublik zugänglich gemacht wurden, die einen Kampf gegen die DDR führen – also auch z. B. dem BND. Da habe ich dann eingehakt und gesagt: Wenn man diese abenteuerliche Variante ernst nimmt, dann müßte erstens in der Definition des Tatbestandes nicht von Übermittlung, sondern von „Zugänglich-Machen" die Rede sein. Dann aber würde sich zweitens jeder Autor im „Neuen Deutschland" strafbar machen, weil diese Zeitung ja auch von solchen Institutionen und vom BND gelesen und ausgewertet wurde.

Solche Argumentationen hatten natürlich keine Chance,

und Bahro ist verurteilt worden. Jetzt allerdings, beim Kassations-Verfahren, griff das Gericht auf diese Argumente von damals zurück. Das Urteil gegen Bahro war also auch formaljuristisch ein Fehlurteil, nicht einmal das politische Strafrecht rechtfertigte die damalige Verfahrensweise.

Der Hintergrund für das Urteil lag meines Erachtens darin, daß man seinerzeit mit dem Bahro-Prozeß ein Zeichen setzen wollte: Bahro war zwar Philosoph, kam aber aus der Wirtschaft. Nun hatte man schon bei Schriftstellern und Künstlern Abtrünnige „gestattet", hatte den Kulturbereich also etwas „freigegeben", nachdem man mit der Biermann-Ausbürgerung 1975 und den folgenden Disziplinierungsversuchen letztlich nicht durchgekommen war. Jetzt wollte man aber ein deutliches Signal setzen: In der Wirtschaft wird ähnliches nicht geduldet. Deshalb hat es mit Sicherheit auch politischen Einfluß gegeben – vielleicht nicht direkt auf die Strafhöhe, aber auf die Richtung bestimmt.

Davon allerdings wurde ich selbst nicht betroffen. Bei den Anwälten hat man sich solche Einflußnahme nicht getraut. Sie gehörten nicht zu dem Klüngel dazu. Das zeigt sich auch an einem makabren Ritual: Nach Abschluß eines so manchen Prozesses fanden Feiern der Beteiligten statt, wo sich Untersuchungsorgane und Staatsanwaltschaft nach der „schweren Arbeit" gegenseitig auf die Schenkel klopften. Ein Verteidiger ist dazu nie eingeladen worden.

In der politischen Strafjustiz haben die eigentlichen Drahtzieher den Anwälten mißtraut, weil die Anwälte immer einen Risiko-Faktor für die Prozeßregie darstellten. Und in den übrigen Prozessen fand man die Anwälte eigentlich überflüssig und war – was die Juristen-Zunft anbelangt – sozialneidisch, weil wir nicht schlecht verdienten. Aber 600 Anwälte in der ganzen DDR waren eben viel zu wenig – kein Wunder also, daß die, die so gezwungenermaßen viel Arbeit hatten, entsprechend verdienten.

Die geschilderten Spannungen sind aber eher Ausdruck, nicht Ursache eines DDR-Phänomens, eines SED-Phänomens: In dieser Staatspartei waren sowohl diejenigen, die Filme verboten, als auch diejenigen, die sie gedreht hatten. In dieser Partei waren genauso die Richter und Staatsanwälte, die harte politische Urteile fällten, als auch die Rechtsanwälte, die in denselben Prozessen Freispruch forderten. Hier spielten sowohl charakterliche Unterschiede eine Rolle als auch die völlig unterschiedlichen politischen Positionen. Die SED stellte ja insofern keine linke Partei mehr dar, nachdem sie in einem Sinne staatstragend geworden war, daß viele nur noch für den Erhalt von Ordnung und Sicherheit, für den Erhalt des Systems wirkten und für mehr nicht. Das hatte dann mit linker Politik nichts mehr zu tun.

Ich für meinen Teil war allerdings durch meine Erziehung in einer ganz anderen Richtung aufgebaut worden. Mich störten diese Konservativen, aber ich war nicht bereit, mich von ihnen vergraulen zu lassen. Denn meine Alternative wäre gewesen, mich parteipolitisch gar nicht zu binden; die Blockparteien kamen für mich nicht in Frage.

Als Bärbel Bohley dann Mitte September 1989 zu mir kam und ich die Vertretung des Neuen Forums in der Frage seiner Zulassung als Vereinigung übernahm, war das für mich schon mehr als nur rechtsstaatliches Empfinden.

Die Argumentation auf der anderen Seite war entsprechend: Jetzt geht der Gysi zu weit. Wenn er es vor der Entscheidung der Führung gemacht hätte, dann hätte man es als anwaltliche Vertretung akzeptieren können — aber nun kannte er doch schon den endgültigen Bescheid und die endgültige Klassifizierung. Und wenn er dann die Vertretung übernimmt, dann geht er auch einen Weg, der ihn von uns weg und hin zur Identifizierung mit diesen „Staats- und Verfassungsfeinden" führt.

Dabei lag meine Argumentation ganz auf der Linie der DDR-Vereinigungsverordnung. Gegen die hatte der Innenminister nämlich eindeutig verstoßen, indem er eine Entscheidung über oino Organisation traf, obwohl er eigentlich das Rechtsmittel-Organ gewesen wäre. Davor hätte nach dem Vereinigungsrecht eine Entscheidung der Hauptabteilung Innere Angelegenheiten des Ministeriums erfolgen müssen; das hatte selbst die Stasi in ihrem Papier als den notwendigen Weg beschrieben. Durch Dikkels Vorgehen war nun aber sogar die Einspruchmöglichkeit weggefallen.

Eine Mitarbeiterin der zuständigen ZK-Abteilung erzählte mir, daß stundenlang über mich beraten wurde, was man mit mir machen muß: ob man ein Parteiausschlußverfahren einleitet; wie man dafür sorgen kann, daß ich von der Spitze der Anwaltschaft wegkomme. Man entschied sich, nichts zu unternehmen, weil der Schaden, der internationale Ansehensverlust, zu hoch sei. Das heißt, sie waren auch in dieser Frage wieder hilflos.

Am 4. November, bei der großen Demonstration in Berlin, forderte auch ich ausdrücklich die Zulassung des Neuen Forums. Sie ließ dann auch nicht mehr lange auf sich warten. Allerdings war es dann schon zu spät, um mit einer solchen Entscheidung noch Zeichen setzen zu können. Da war ohnehin schon allen klar, daß die Legalisierung des Neuen Forums nur noch ein staatliches Eingeständnis war, die von ihm verkörperte Entwicklung nicht mehr aufhalten zu können.

Und ich fand das durchaus positiv für die Verhältnisse in der DDR. Ich war mir seit längerem sicher, daß mit der russischen Oktoberrevolution 1917 etwas in Gang gesetzt worden war, das unheimlich demokratisiert werden, von sozialen und wirtschaftlichen Aspekten aus effizienter gestaltet werden mußte. Darum ging es mir. Der Kapitalismus war für mich nie eine glaubwürdige Alternative, sondern ein demokratischer Sozialismus, obwohl ich den Begriff erst später angenommen habe. Was ich wollte, war ein untrennbar mit Demokratie verbundener Sozialismus – keine „sozialistische Demokratie", die doch eigentlich nur dazu gedient hatte, Demokratie zu verhindern.

In diesem Ansatz waren mir das Neue Forum oder Demokratie Jetzt also relativ nah. Zumal sich das Neue Forum am Anfang weniger programmatisch gab, sondern vor allem eine Plattform für den Dialog, für das Gespräch in der Gesellschaft bieten wollte. Es wollte Funktionen erfüllen, die dem politischen System einer Gesellschaft insgesamt zukamen, die dieses aber eben nicht erfüllte. „Gerade die tief in alle gesellschaftlichen Gliederungen eingedrungene Resignation und die mißtrauische Ratlosigkeit der politischen Führung erfordern in den nächsten Monaten die Wiederbelebung der demokratischen Aktivität aller Bürger in allen vorhandenen Strukturen", schrieben die Initiatoren des Neuen Forums in einem Aufruf zum 40. Jahrestag der DDR.

Darin ging es auch um Defizite der SED. Eher als die inkriminierten Bürgerinitiativen, so hieß es an die Parteimitglieder gewandt, „gefährdet die Untätigkeit der SED den Sozialismus auf deutschem Boden."

Die SED-Führung setzte dem ihre eigene Art von Tätigwerden entgegen: Man ließ feiern und prügeln. Aber auch hier war das Problem ja ernster, lag es tiefer. Wieder zeigte sich die völlige Hilflosigkeit der alten Führung. Sie war lediglich in der Lage, die althergebrachten Rituale zu reproduzieren, reproduzieren zu lassen. Und das in jeder Hinsicht.

Was sich um den 7. und 8. Oktober 1989 in der DDR abgespielt hat, das gehört wohl zu den gespenstischsten Szenen in der Geschichte dieses Landes: Zehntausende Jugendliche mit Fackeln zu Füßen Erich Honeckers und Michail Gorbatschows riefen sowohl „DDR – unser Vaterland" als auch „Gorbi, Gorbi".

Nur wenige hundert Meter oder Kilometer entfernt Tausende „illegale" Demonstranten — gleichfalls mit „Gorbi, Gorbi"-Rufen auf den Lippen und das Lied von der Internationalen singend, die das Menschenrecht erkämpft. Wie kamen die einen mit den anderen klar? Hatte sich das Volk vollends gespalten — in Ausreiser, protestierende Hierbleiber, willfährige Hierbleiber und Passive? Würden die alle irgendwann aufeinander einschlagen? In den damaligen Nächten, in den Gefängnissen und anderswo, schien das bereits zu beginnen.

Und dann geschah das eigentlich Unerwartete: Fast alle verstanden sich zumindest darin, daß man keine Gewalt wollte. Diese Gemeinsamkeit formierte sich in Leipzig, und sie entstand von unten her, nicht in erster Linie durch das Verdienst von Egon Krenz, wie auch ich am 4. November 1989 noch glaubte. Das alles drückte sich in einem Satz am klarsten aus: „Wir haben Angst — Angst um uns selbst, Angst um unsere Freunde, um den Menschen neben uns und Angst um den, der uns da in Uniform gegenübersteht." So stand es in einem Appell des Arbeitskreises Gerechtigkeit, des Arbeitskreises Menschenrechte und der Arbeitsgruppe Umweltschutz in Leipzig, der in der Stadt vor der großen Demonstration der 70 000 am 9. Oktober 1989 kursierte. Diese Worte korrespondierten mit dem berühmteren Aufruf, den Gewandhaus-Kapellmeister Kurt Masur, die Sekretäre der SED-Bezirksleitung Meier, Pommert und Wötzel sowie der Pfarrer Zimmermann und der Kabarettist Lange am selben Tag über den Stadtfunk verbreiteten: „Unsere gemeinsame Sorge und Verantwortung haben uns heute zusammengeführt. Wir sind von der Entwicklung in unserer Stadt betroffen und suchen nach einer Lösung. Wir alle brauchen freien Meinungsaustausch über die Weiterführung des Sozialismus in unserem Land. Deshalb versprechen die genannten Leute allen Bürgern, ihre ganz Kraft und Autorität dafür einzusetzen, daß dieser Dialog nicht nur im Bezirk Leipzig, sondern auch mit unserer Regierung geführt wird. Wir bitten dringend um Besonnenheit, damit der friedliche Dialog möglich wird."

Die Oppositionsgruppen wurden noch präziser: „Partei und Regierung müssen vor allem für die entstandene ernste Situation verantwortlich gemacht werden. Aber heute ist es an uns, eine weitere Eskalation der Gewalt zu verhindern. Davon hängt unsere Zukunft ab."

Es kam letztlich nicht zu der befürchteten Eskalation. Dahinter steckte eine Menge: Das Volk hatte sich von Staat und Partei unabhängig gemacht, es hatte sich selbst erkannt, unabhängig davon, ob der einzelne diesseits oder jenseits der Absperrung stand, ob er den Wasserwerfer vor sich oder hinter sich hatte.

Das war die eigentliche Ursache dafür, daß es keine Gewalt mehr gab. Krenz' eigentümliche Spielereien mit der Uhrzeit von Anrufen finde ich einfach peinlich. Als er wirklich in Leipzig anklingelte, war schon alles entschieden. Er hatte, wie so oft in seiner Amtszeit, nur abgenickt, was ohnehin schon von anderen außerhalb der Partei vollzogen war – und das noch mit beträchtlicher Verspätung.

Aber noch einmal zur Leipziger Demonstration vom 9. Oktober: Das Volk hatte nicht nur Staat und Partei abgeschrieben, es hatte auch in einem bemerkenswerten Sinne zu sich gefunden, indem es sich nicht einfach als Gegenteil der Macht empfand und etwa nach dem Grundsatz „Auge um Auge, Zahn um Zahn" verfuhr. Die Menschen auf der Straße vertrauten in erster Linie auf die Wucht ihres Auftrumpfens: „Wir sind das Volk!" Sie wußten, daß keine Regierung, daß kein Regime sich lange halten kann, wenn ihm so laut und immer wieder entgegengeschmettert wird, das Volk werde sich nicht länger vereinnahmen lassen.

Soweit Gregor Gysi. Im Grunde war es ein herrlicher Aufbruch, der sich im Herbst 1989 in der erstarrten, verkrusteten DDR vollzog. Doch es war nicht nur ein Aufbruch aus dem alten System der DDR, sondern parallel, eng damit verflochten, vollzog sich noch viel mehr eine grundsätzliche Abkehr von diesem kleineren deutschen Staat. Denn es waren doch DDR-Bürger mit einer gänzlich anderen Denkungsart, die im Frühjahr 1989 mit den Demonstrationen begonnen hatten, die dabei gerufen hatten „Wir wollen raus!", die mit ihrer Massenflucht im Sommer 1989 die weiteren Ereignisse auf die Tagesordnung gesetzt hatten und ihr ab Spätherbst mit dem Ruf „Wir sind ein Volk" die entscheidende Richtung gaben.

Wer sie beobachtete, konnte an und für sich keine Illusionen mehr haben – obwohl wir sie natürlich alle mehr oder weniger lange mit uns herumschleppten.

Prag, 1. Oktober 1989. Auf dem dem Garten zugewandten Balkon der bundesdeutschen Botschaft steht Außenminister Genscher, unten im Dunkeln eine unübersehbare, dichtgedrängte Menge von Menschen. Sie sind übermüdet, erschöpft, leiden unter den für einen solchen Andrang nicht geplanten sanitären Verhältnissen, haben kaum Platz, sich hinzulegen – so eng ist es. Viele sind in den letzten Tagen über den schmiedeeisernen

Zaun geklettert, haben ihre Kinder fast hinübergeworfen, ohne zu wissen, ob sie die tschechoslowakische Polizei noch wird hinterherklettern lassen. Sie haben alle Brücken zu ihrem bisherigen Leben abgebrochen, auf den mehr oder weniger bescheidenen Wohlstand, den gesicherten Arbeitsplatz, die günstige Kinderbetreuung verzichtet, um durch das sich möglicherweise auftuende Schlupfloch in den Westen zu gelangen — weg vom Reiseverbot, vom Schlangestehen, von Versorgungsmängeln, von jahrelangen Wartezeiten für Wohnung, Auto, Telefon. Nach geltendem DDR-Recht haben sie sich strafbar gemacht, droht Haft, aber nicht mehr real, es sind zu viele. Da verkündet Genscher vom Balkon, sie dürfen in die Bundesrepublik ausreisen. Ein unbeschreiblicher Aufschrei der Erlösung und der Freude bricht aus; was der Minister noch zu sagen hat, geht unter. Unten winken und springen die Menschen, umarmen sich, schreien aus sich die letzten Tage und ihr bisheriges Leben heraus.

Fernsehbilder wie diese gingen schon seit Wochen um die Welt: Die unendliche Kolonne von Trabis, Wartburgs, Ladas, Skodas beim Überfahren der ungarisch-österreichischen Grenze, der Blick der Kamera in die Gesichter der Fahrer, Beifahrer und schlafenden Kinder. Die DDR, so schien es, zerstreute sich zwischen Wien, München, Stuttgart, Düsseldorf, Köln, Hannover und Kiel. Für die Flüchtenden war die Vereinigung in Gang gekommen; unter den zu Hause Gebliebenen reifte die Erkenntnis, daß die bisherige Politik in der DDR vor dem Volk dieses Landes jetzt ein für allemal ausgespielt hatte.

Auch in der Partei wurde nach den Ursachen der Lage gefragt und gesucht. Ganz oben gab es nur Ignoranz, unten versucht jeder, sich selbst ein Bild zu machen.

Von Thomas Falkner liegen noch Vortragsmanuskripte aus jener Zeit vor — entgegen sonstigen Gewohnheiten schriftlich ausgearbeitet, um zu wissen, wie man was sagen könnte und was man wirklich gesagt hatte. Aus Sicherheitsgründen also.

Worum ging es in diesen Vorträgen vom August 1989? Um das Potential der Ausreisewilligen in der DDR im strategischen Denken der NATO, der Trilateralen Kommission und anderer politischer Zentren des Westens; um die DDR-inneren Ursachen für das sprunghafte Anwachsen dieses Potentials: „Die gegenwärtige Situation im Lande", so hieß es, „ist seit längerem dadurch gekennzeichnet, daß die Erwartungen und Besorgnisse der Parteibasis und der Bevölkerung bezüglich der Zukunft des Sozialismus in den Farben der DDR in einem Tempo zunehmen, mit dem das Sichtbarwerden von Konturen der bevorstehenden

Erneuerung ebensowenig Schritt hält wie die Verankerung bisheriger Errungenschaften und neuer Schritte als Reform-Ergebnisse im öffentlichen Bewußtsein. Vor diesem Hintergrund sammelt sich ein Potential von Unzufriedenheit, das in den unterschiedlichen Bevölkerungsschichten unterschiedlich tief geht und sich an unterschiedlichen Anlässen festmacht. Unter den besonderen Bedingungen der DDR – hier vor allem wegen der zahlreichen, zunehmenden privaten Verbindungen in die BRD und nach Westberlin sowie wegen der ständigen Präsenz eines breiten Spektrums von westlichen Rundfunk- und Fernsehprogrammen – kommt es dazu, daß Wertvorstellungen und Weltsichten aus der BRD ebenso wie bestimmte Erscheinungen im Alltag dieses Landes zum Orientierungspunkt, Maßstab und Katalysator eines Teils des Potentials an Unzufriedenheit werden."

In der real-sozialistischen DDR-Gesellschaft waren die ökonomischen, politischen und geistig-ideologischen Verhältnisse, wie man es damals noch vorsichtig formulierte, in ihrer Effizienz eingeschränkt. In der Wirtschaft dominierten entgegen dem proklamierten Anspruch kein Leistungsprinzip, sondern einerseits erdrückende Gleichmacherei und andererseits willkürliche Bevorzugung oder Benachteiligung einzelner Beschäftigtengruppen – neben der verbreiteten Privilegien-Wirtschaft. (Die Worte Markt, Privateigentum und Wettbewerb tauchen in dem Manuskript vom August 1989 noch nicht auf.)

In der politischen Sphäre fehlten Bewegungsformen, die der Vielgestaltigkeit der Gesellschaft und den daraus resultierenden unterschiedlichen Interessen entsprachen. Die Menschen empfanden den politischen Alltag – zu Recht – nicht als Möglichkeit, auf die Bewegung der Gesellschaft einzuwirken, über den eigenen Dunstkreis hinaus Aktivität zu entfalten, sich einzubringen. „Weit verbreitet ist das Gefühl, regiert zu werden und nicht wirklich selbst regieren zu können."

Und geistig-kulturell? „Die wirkliche Vielfalt des geistigen Lebens ist für eine breite Öffentlichkeit wegen der Enge der Massenmedien kaum nachvollziehbar. Die betonte Erfolgsberichterstattung führt vor dem Hintergrund objektiv zu bewältigender Probleme dazu, daß das Wort der Partei für den Bürger in Widerspruch zur erlebten Wirklichkeit gerät, das Vertrauensverhältnis unterminiert wird. Die Ausklammerung wichtiger politischer Themen, die häufige Ausgrenzung der Widersprüchlichkeit und Dialektik unserer Welt, die auch anzutreffende tendenziöse Vereinseitigung führen dazu, daß sich die Menschen einem solchen als künstlich empfundenen Weltbild entziehen."

Schließlich spielte für den weiteren Verlauf der Umwälzungen in der DDR eine entscheidende Rolle, „daß viele Menschen angesichts der krisenhaften Prozesse in anderen sozialistischen Ländern verunsichert sind. Sie spüren die Notwendigkeit von Veränderungen bei uns und erleben, daß Veränderungen in den Bruderländern mit einer drastischen Verschlechterung der Lebensbedingungen einhergehen. Das untergräbt die Zuversicht in die soziale Leistungskraft des Sozialismus insgesamt. Unter dem starken Einfluß der BRD-Medien geben diese Probleme den Nährboden dafür ab, daß sich bei einer ganzen Reihe von DDR-Bürgern eine Zukunfts-Unsicherheit herausbildet. Diese Ungewißheit, die durch das Schweigen der Parteiführung über anstehende Veränderungen verstärkt wird, führt nicht zwangsläufig zur Abkehr von unserer Gesellschaft und zum Wunsch nach Übersiedlung in die BRD, sie scheint mir aber die entscheidende ideologische Wurzel dafür zu sein."

Sieht man einmal von Einzelheiten in der Diktion ab, die der politischen Sprache der Zeit geschuldet sind, so ist diese Analyse auch aus heutiger Sicht über weite Strecken zutreffend, aber nicht allumfassend. Der Real-Sozialismus war innerhalb der DDR an die Grenzen seiner Leistungskraft gestoßen; die Erfahrungen in anderen osteuropäischen Ländern hatten bereits die Grenzen seiner Reformierbarkeit gezeigt. Damit waren bereits zu diesem Zeitpunkt für die Akzeptanz jeglicher reformkommunistischer Modelle in der DDR sehr enge Grenzen gezogen. Würden jetzt noch zwei oder drei grobe Fehler gemacht werden, dann war die DDR als Staat erledigt. Dennoch: Unausweichlich erschien das damals nicht.

Die Wende

Ein ungewöhnlicher Vorgang: Am 18. Oktober 1989, zu
14.00 Uhr, werden Journalisten vor den sonst so streng abge-
schirmten Sitzungssaal des Zentralkomitees der SED bestellt.
Drinnen – so weiß man inzwischen – tagt das ZK; es geht um
grundsätzliche Weichenstellungen, so hofft man.

Schon nach wenigen Minuten fliegt die Tür auf. Erich Honecker, eine Mappe unter dem Arm, verläßt den Tagungssaal. Als
er die Reporter in dem geräumigen Foyer sieht, bleibt er stehen,
nimmt für einen Moment die aufrechte, stramme Haltung an, für
die er bekannt war, und sieht die Journalisten an. Bei denen
herrscht Verunsicherung: Im Vorhof der Macht hatten sie bislang nie etwas zu suchen gehabt, sie fühlten sich unbehaglich,
wußten nicht, was von ihnen erwartet wurde. Normal wäre es
gewesen, Honecker anzusprechen. Doch der Generalsekretär
war immer ein Unberührbarer, ein gottgleich dem normalen Leben Entrückter. Unerlaubt das Wort an ihn zu richten, war völlig
undenkbar. Jetzt immer noch? Keiner der Journalisten rührt sich.
Sie wissen im Grunde, was geschehen ist: Der Generalsekretär
ist nicht mehr Generalsekretär. Und die Journalisten erahnen
auch, wie tief die Verbitterung und Verärgerung bei Honecker
sitzt, wie sehr er davon überzeugt ist, daß jetzt – ohne ihn – das
Ende der SED und der DDR bevorsteht.

„Na dann: Auf Wiedersehen", sagt Honecker nach einem
Moment des Schweigens und sieht den Anwesenden in die Gesichter. Er spricht die Worte mit gepreßter Stimme, jede Silbe
betonend. Den Journalisten läuft ein Schaudern über den Rük-
ken.

Als sich einige Zeit später wieder die Tür öffnet, ist die Stimmung eine ganz andere. Im Scheinwerferlicht der „Aktuellen Kamera" stellt sich der neue Generalsekretär strahlend der Öffentlichkeit vor: Egon Krenz.

Also nicht das Ende, sondern ein neuer Anfang für Partei
und Land?

Ganze 48 Tage später fährt Egon Krenz im Anschluß an die
12. Tagung des Zentralkomitees nach Wandlitz in die Waldsiedlung zu Erich Honecker. Den alten Mann findet er abwesend

und entrückt. „Erich, du bist nicht mehr in der Partei", sagt er ihm. „Und ich bin auch nicht mehr Generalsekretär." Keine Reaktion. Nach kurzer Zeit geht Krenz wieder.

Werner Hübner über die 48 Tage des Egon Krenz und wie es dazu kam:

Mitte September, Anfang Oktober endete die bis dahin für mich schlimmste Periode meiner Tätigkeit im Apparat des Zentralkomitees. Eine Periode, die mich auch krank machte – aus Verzweiflung über die Situation, in der sich unser Land, unsere Partei befanden.

Die Partei war handlungsunfähig. Sie wurde nicht geführt, geschweige den in den Kampf geführt. Die Orientierungen von oben widersprachen schmerzlich für jeden Basisfunktionär dem Leben. Gutes besser machen. Erfolgspropaganda. Keine politische Argumentation.

Die Massenflucht in den Westen nahm erschreckende Formen und Ausmaße an. Mit der Grenzöffnung in Ungarn gab es faktisch die Mauer nicht mehr. Eine völlig andere Situation ist für die DDR eingetreten, aber die Parteiführung schweigt.

Honecker ist krank, Mittag regiert für ihn – fragt ständig bei Honecker. Krenz ist in Urlaub. Nichts geschieht. Niemand entscheidet wirklich wichtige Fragen. Statt dessen Schadenfreude, wenn Gorbatschow etwas schiefgeht, wenn die Perestroika zu Problemen führt, die – wie man bei uns meint – bei konsequenterer Politik, wie wir sie machen, nicht sein müßten.

Ein Bezirkssekretär für Agitation und Propaganda hatte schon 1987 in einem langen Gespräch mit Wolfgang Herger, dem Leiter der ZK-Abteilung Sicherheit, und mir das Fazit für die Parteifunktionäre gezogen: alle kämpfen nur noch um ihr Überleben und warten, bis Honecker endlich nicht mehr da ist.

Ganz drastisch gesagt: Niemand ergriff die Initiative, um eine politische Entscheidung über die Führung der Partei herbeizuführen; statt dessen warteten alle makabererweise hoffnungsvoll auf eine „biologische Lösung". Gleichzeitig bestand die berechtigte entsetzliche Befürchtung, daß der Generalsekretär auch zum XII. Parteitag im Mai 1990 noch einmal zur Wahl antreten würde.

Die Stimmung unter den Mitarbeitern des ZK war gereizt und obermies. Wenn jemand etwas ausbaden mußte gegenüber der Parteibasis, dann waren es die Mitarbeiter. Das ging auf ihre Kosten, wie sie wußten. Und wie es sich später auch zeigte. Bei manchem zu Unrecht.

Die politischen Mitarbeiter im Apparat des Zentralkomitees waren in vielen Fällen hochgebildete kluge Genossen, die auch fähig waren, die Parteiführung zu beraten, mit Informationen zu versorgen und mit analytischer Tätigkeit Entscheidungen vorzubereiten. Mehrheitlich bestanden auch sehr gute Verbindungen zu den Fachbereichen, war das Zusammenwirken eher freundschaftlich als kontrovers.

Aber auch das Gegenteil gab es: Erfüllungsgehilfen und „Durchsetzer", die ihre Partner „draußen" drangsalierten und schurigelten. Vor allem in den Bereichen Kultur, Medien und Wirtschaft war dies an der Tagesordnung.

Insgesamt gesehen wurden die Möglichkeiten des Apparates nicht ausgeschöpft, ja sie wurden falsch eingesetzt und mißbraucht. Die „führende Rolle der SED" wäre m.E. nicht in solch eine kleinliche Praxis entartet, wenn strategische Prozesse gesellschaftlicher Entwicklung den Inhalt dieser Führungsrolle bestimmt hätten. Was wäre da in Verbindung mit dem vorhandenen gesellschaftswissenschaftlichen Potential möglich gewesen! Der Apparat – oder besser: der Teil des Apparats, der seine Verantwortung ernst nahm – wünschte sich eine solche Arbeitsweise durchaus.

Aber die Praxis war eben anders. Die großen Tabus waren gesetzt. Aus ihnen auszubrechen hatte immer die Konsequenz, die Arbeit zu verlieren. Nicht im Sinne völliger Arbeitslosigkeit, aber doch Verlust dieser Arbeitsstelle. Aus dem Apparat aber unrühmlich auszuscheiden, das hätte mehr bedeutet als den sozialen Abstieg. Das war Symbol, man wäre gezeichnet gewesen. Materielle Vorteile spielten die geringste Rolle. In der Regel waren gleichartige Funktionen im Staatsapparat besser bezahlt.

Dennoch wäre es falsch, Verhaltensweisen gegenüber einer Politik, die man als fehlerhaft erkannte, lediglich mit der Angst zu erklären, man könnte die Arbeit im „Großen Haus" verlieren. Es war auch die Vorstellung, man selbst würde nicht alles so überblicken wie die Führung, weil nur sie über alle Informationen verfügte. Es war die Disziplin als Parteimitglied, es war allerdings auch die Kenntnis von Interna über dies und jenes, aus der eine gewisse Komplizenschaft entstand. Kritisches Urteilen über alle „Lebensfragen" – meist über jene, für die man selbst keine Verantwortung hatte – gehörte zum Alltag – zum Pausenalltag – der Insider.

Mehr oder weniger mußte sich aber wirklich jeder Mitarbeiter, eben weil er aus dem „Großen Haus" kam, kritischen Fragen stellen. Es waren meist jene, die den Funktionären vor Ort Kummer bereiteten, auf die sie keine Antwort wußten. Am schlimmsten wurde es seit dem Verbot der sowjetischen Zeitschrift „Sputnik" im Herbst 1988. Auch für viele Mitarbeiter des ZK gab dies wohl den letzten Anstoß zum Zweifel an der Weisheit der Parteiführung. Ich bin keinem Mitarbeiter begegnet, der im persönlichen, vertrauten Gespräch die „Sputnik"-Geschichte – das Verbot und die nachfolgende Maßregelung von Genossen – gebilligt hätte. Im Gegenteil.

Zwei Dinge waren in diesem Zusammenhang bedeutsam: zum einen wurde hier eine von vielen bereits erspürte Abgrenzung der SED-Führung von der mit so vielen Hoffnungen verbundenen Perestroika Gorbatschows erstmals öffentlich gemacht; zum anderen traten die Mechanismen der Disziplinierung in der Partei besonders kraß zu Tage. Niemand kannte die Texte, wegen derer der „Sputnik" in der DDR nicht mehr erscheinen durfte – doch die Entscheidung des Politbüros sollte offensiv verteidigt werden. Weiter: Die Parteiführung sagte, der Inhalt sei schädlich – also war jeder, der nach dieser schädlichen Droge verlangte, nicht mit der Partei im Einklang; war er hartnäckig, mußten wir uns von ihm trennen.

Für die Mitarbeiter im Zentralkomitee war dieser Zustand, war die Sprachlosigkeit der Führung, zunehmend unerträglich. Das Leben stellte ständig neue, immer kompliziertere Fragen, Unmut nahm zu unter der Bevölkerung, der Druck, der durch die Ausreise-Ersuchen, das Abhauen, entstand, stieg ständig. Aber keine Reaktion.

Schließlich meinten wir – Ich spreche jetzt von meiner Abteilung –, es gehöre bei Basisbesuchen wie bei Diskussionen im eigenen Haus zu unseren Aufgaben, das Erreichte nicht nur aufzulisten, sondern auch zu fragen, was sich nicht bewährt hat, was besser zu machen ist, was sich als nicht gangbar erwies. Unser Prinzip war: Wir müssen weiter gehen als es unter Umständen der Parteitag oder das Politbüro tun werden. Wir brauchen alternatives Denken, wenn wir vorankommen wollen.

Ich muß aber noch einmal anmerken: das war Stil in *unserer* Abteilung, und auch hier nicht mal bei allen. Dennoch verschaffte uns dieses Herangehen ab Frühjahr 1989 – zunächst unter dem Zeichen des bevorstehenden XII. Parteitags der SED – die Möglichkeit, jene Fragen anzugehen, die mit einem Tabu belegt waren. Und zwar durchaus gravierende Probleme, die mit dem Verständnis von Soldat und Militär überhaupt zusammenhingen.

Da gab es im Zusammenhang mit der neuen Militärdoktrin,

die der Gipfel des Warschauer Vertrages 1987 in Berlin beschlossen hatte, einerseits einen Fortschritt; das Überlegenheits Denken wurde zurückgenommen, auch das Feinddenken wurde angeknackst. Allerdings gab es noch ein paar Relikte gefährlichen alten Denkens. All das kulminierte in einer Formulierung: dem Gegner eine „vernichtende Abfuhr" zu erteilen. Wurde dieser Satz konservativ ausgelegt, dann hatte sich an der Militärdoktrin des Warschauer Vertrages im Grunde nichts geändert. Im April/Mai 1989 gab es dann nach vielem Hin und Her eine offizielle Diskussionsrunde zur DDR-Militärdoktrin von vielleicht 15 oder 20 Leuten – drei davon aus unserer Abteilung – und dort konnten wir durchsetzen, bei der DDR-Militärdoktrin auf diese Formulierung zu verzichten. Das war eine für unseren Bereich sehr wichtige Sache. Wir hatten dabei natürlich Verbündete in der Armee – (auch in dieser Runde), etwa das spätere Parteivorstands-Mitglied Wolfgang Scheler von der Dresdener Militärakademie und andere, aber es gab auch Leute, die sich nicht vorstellen konnten, einen solchen Satz zu streichen – dann brauche man ja überhaupt keine Armee mehr, meinten sie. Aber da das Militär heutzutage sowieso eine Irrationalität geworden ist, und das überall, geriet man ja ohnehin immer mehr in Widerspruch zur Wirklichkeit.

Das war aus meiner Sicht überhaupt ein Grundproblem für den Sozialismus: Hätte man nicht immerzu diesen Zwang zur Rüstung verspürt, wäre ökonomisches Leistungsvermögen nicht in solchen Größenordnungen in unproduktive Bereiche umgelenkt worden, wären nicht so viele kluge Menschen in diesen Bereichen gebunden worden, hätte man Potenzen nicht vertan, sondern sinnvoll genutzt. Es hat dem Sozialismus nicht gutgetan, von der militärischen Überlegenheit zu träumen. Und es war dann auch nicht mehr richtig, auf das militärische Gleichgewicht zu schwören – obwohl ich selbst das über viele Jahre vertreten habe. Was nutzte uns das Wettrüsten hin zu der Möglichkeit, die Welt fünf-, zehn-, fünfzehnmal vernichten zu können? Einmal wäre doch schon schlimm genug gewesen, wäre endgültig gewesen. Was hätte man mit den verschleuderten Geldern alles anfangen können – in der Sowjetunion, in der DDR, für die Dritte Welt.

Schon länger gab es Überlegungen, inwieweit es notwendig und zweckmäßig ist, in einem solchen Ausmaß wie bei uns überhaupt Berufssoldaten zu haben – unter der Voraussetzung, daß Wehrpflicht besteht. (Im Gegenzug dachten wir später, im Herbst 1989, auch über die Abschaffung der Wehrpflicht und die

Einrichtung einer nur aus Berufssoldaten bestehenden, dann natürlich wesentlich kleineren Armee nach.) Das Problem Berufssoldaten bedrückte uns sehr, denn sie waren in der Bevölkerung nicht sehr angesehen. Natürlich blickten wir auch auf das Jahr 1992, von dem an wieder zahlenmäßig stärkere Jahrgänge von jungen Wehrpflichtigen zu erwarten waren. Dies – zusammengenommen mit unseren Vorstellungen von Streitkräfte-Reduzierungen und anderen Erwägungen – führte zu folgenden Fragen: Ist es weiter nötig, einen Grundwehrdienst von anderthalb Jahren zu haben? Ist es nicht möglich, einen zivilen Wehrersatzdienst einzuführen? Ab Frühjahr 1989 wurden aus schon länger zurückliegenden Vorstellungen konkrete Projekte.

Auch bezüglich der von der Bevölkerung nie so recht angenommenen vormilitärischen Ausbildung dachten wir nach – und zwar ziemlich direkt. Wir verfügten schon über recht konkrete Vorstellungen, die auch von der Gesellschaft für Sport und Technik getragen wurden, die für die Organisation der vormilitärischen Ausbildung zuständig war. Wir wollten eine Entmilitarisierung ihrer Arbeit, wir wollten die Abschaffung des Wehrunterrichts an den Schulen.

Ich will uns aber nicht zu Helden machen: All dieses Nachdenken geschah eben schon unter dem Druck der „Umwelt-Ereignisse", unter dem Druck der Kirchen, der Opposition, der Stimmung im Lande.

Im August 1989 waren wir so weit, daß wir einige Minister über das Gesamtpaket unserer Vorstellungen zur Verteidigungspolitik, zur Wehrpflicht, zum Zivildienst und zu Ähnlichem in Kenntnis setzen wollten, um Zuarbeiten zu erhalten und zum Meinungsaustausch zu kommen. Wir fanden da allerdings keine Gegenliebe. Verteidigungsminister Keßlers Ablehnung war mit dem Hinweis verbunden, würden wir bei diesem Konzept bleiben, dann könne er ja seinen Abschied nehmen. So sehr uns bei diesen Arbeiten Überlegungen und Forderungen der Opposition mit animierten, so sehr sie uns zum Nachdenken zwangen und uns unkonventionelles Denken erleichterten – ein Kontakt zu diesen Leuten war letztlich unvorstellbar. Wir waren uns – auch mit unserem Vorgesetzten, dem Abteilungsleiter und späteren Politbüro-Mitglied Wolfgang Herger – schon einig, daß es doch eigentlich eine Schande war, in Hamburg mit Bundeswehr-Offizieren zu sprechen und Konsens zu suchen, aber sich nicht mit Leuten in der DDR hinzusetzen, die auch anderer Meinung als wir waren, aber durchaus im Sozialismus leben wollten. Wir ahnten, wie nützlich uns

Diskussionen mit ihnen hätten sein können; wir bedauerten, es nicht tun zu können.

Man kann schlecht deutlich machen, wo die Grenzen lagen: Wenn ich mit jemandem gesprochen hätte, der sich schon als Opposition ins Gerede gebracht hatte, dann wäre das einer Anerkennung seiner Auffassung gleichgekommen. So etwas zu vollziehen, war nicht meines Amtes. Darüber wurde mit Sicherheit auch gewacht, daß sich so etwas nicht vollzieht. Es hätte auch bei dem möglichen Gesprächspartner zu falschen, vielleicht zu optimistischen Schlußfolgerungen geführt. Und dann kam auch noch der Argwohn hinzu, ein solches Gespräch könnte in den westlichen Medien ausgewertet werden. Das wollten wir in diesem Stadium von uns aus nicht; wir wußten aber außerdem, wie überaus empfindlich — und damit für unsere Anliegen schädlich — die alten Männer im Politbüro auf derartige Darstellungen im Westen reagierten. Es war schon eine gehörige Portion Selbst-Disziplinierung dabei.

Es gehört aber auch dazu zu sagen, daß wir uns nicht als „innerparteiliche Opposition" fühlten. Ich halte es überhaupt für falsch, eine solche Kennzeichnung überhaupt für all jene in der SED zu gebrauchen, die sich um die weitere Entwicklung des Sozialismus in der DDR sorgten, die mit ihren Gedanken in Konflikt zur Führungspraxis des Politbüros gerieten, die ihren Widerspruch im kleinen inoffiziellen Kreis sehr deutlich ausdrückten — aber keinesfalls in einer noch so kleinen Parteiversammlung, die auch versuchten, auf ihrem Arbeitsgebiet mit ihrer Sachkompetenz in offizielle Dokumente das einzubringen, was eher dem Widerspruch als der offiziellen Politik Rechnung trug. Das gelang noch dazu selten, denn wenn auf etwas geachtet wurde, dann auf Begriffe und Formulierungen, die vom üblichen Sprachgebrauch der Partei abwichen.

In dieser Stimmung fanden auch bei uns im ZK-Apparat die persönlichen Gespräche zum Umtausch der Parteidokumente statt. Für mich am 10. August, mit Wolfgang Herger, dem Abteilungsleiter, und Günter Frenzel, dem Parteisekretär. Beide waren mir aus jahrelanger Zusammenarbeit vertraut, uns verbanden Verständnis und Einverständnis.

Wolfgang Herger kannte ich persönlich schon aus seiner Zeit als ZK-Abteilungsleiter Jugend und auch davor als Sekretär des FDJ-Zentralrates. Als er im März 1985 Leiter der Abteilung Sicherheit im Apparat des SED-Zentralkomitees wurde, verband uns bereits so eine Art intellektueller Kontakt. Obwohl ich damals noch nicht sein persönlicher Mitarbeiter war, packten wir viele Problemfragen, viele zukunftsorientierte Projekte gemeinsam an, die über mein Arbeitsgebiet hinaus reichten. Das war ja bereits in der Zeit nach dem Amtsantritt Gorbatschows, dessen Bemühen wir mit Sympathie und damit gleichzeitig mit Kritik gegenüber den eigenen Zuständen verfolgten. Allerdings vollzog sich zunächst alles in dem gesetzten Rahmen: Herger war eben Abteilungsleiter, mußte mit Konsequenz das verlangen und durchsetzen, was in der Parteiführung beschlossen war.

Doch er war eben auch nicht jener Typ eines für alle Zwecke einsetzbaren, doch nirgendwo sonderlich kompetenten FDJ-Funktionärs, wie er in den letzten Jahren im Parteiapparat mehr und mehr Fuß faßte. Herger galt unter uns auch etwas wegen seiner persönlichen Lauterkeit: Nicht nur, daß er nicht in der 7. Etage zu Mittag aß, wo das Politbüro und die Abteilungsleiter speisten, sondern in der 6. Etage in der „Mannschaftsküche" saß. Herger nahm keine Privilegien in Anspruch, besaß keine Datsche, ging nicht auf die Jagd.

Hergers Berufung selbst war aber auch ein Politikum: Mit ihm übernahm erstmals ein Zivilist die Abteilung Sicherheit, ein Politiker und niemand, der irgendwann etwas mit Polizei, Staatssicherheit oder Armee zu tun gehabt hatte. Das hat sicher auch etwas mit dem persönlichen Verhältnis zwischen Herger und Krenz – beide kannten sich aus gemeinsamer Zeit im FDJ-Zentralrat – zu tun gehabt. Aber es hatte auch etwas damit zu tun, daß Krenz offensichtlich bemüht war, nicht nur einen Mann seines Vertrauens dorthin zu setzen, sondern auch diese eigentlich unglückliche Konstellation zu durchbrechen, daß immer nur Leute aus dem Sicherheitsbereich selbst dafür im ZK wieder verantwortlich wurden.

Herger stürzte sich mit viel Engagement in die für ihn völlig neue Arbeit. Wir profitierten davon: Als unbefangener, kritischer Geist stellte er anregende Fragen. Bald war er ein geschätzter Partner – im Prinzip. Das gelang ihm bedingt für den Bereich der NVA, aber es gelang ihm vollständig für den Zoll oder die Gesellschaft für Sport und Technik, auch gegenüber dem Innenministerium. Aber das gelang ihm überhaupt nicht für den Bereich der Staatssicherheit. Mielke machte ihm von vornherein in einem persönlichen Gespräch klar, daß Herger in seinem Bereich nichts zu bestellen hat. Die vier Genossen, die in unserer Abteilung für die Staatssicherheit zuständig waren, haben auch vorrangig Fragen der Parteiorganisation behandelt und das auch nur für die Sicherstellungsbereiche des MfS, nicht für die operativen Einheiten. Dort hatten sie keinen Einblick. Um so mehr hatten sie zu tun mit Eingaben und Beschwerden. Wenn Herger mal Berichte aus dem Hause Mielke bekam, dann in der Regel nur, wenn Krenz als Sicherheits-Sekretär ihm das zustellte – doch nicht direkt. Deswegen sind auch alle Erzählungen absolut unseriös, die die „Wende" als ein Komplott zwischen Herger und Mielke darstellen. Sicher hat es in den kritischen Tagen zwei, drei Begegnungen und Absprachen gegeben, wo vier oder sechs Leute mal dies oder das kurz beredet haben. Aber daß es etwa eine Konspiration gegeben hätte zwischen Herger und Mielke, das schließe ich aus. Tatsache ist aber, daß Mielke zu denen gehörte, die von Anfang an die Politbüro-Erklärung vom 11. Oktober 1989 unterstützten, die im Gegensatz zur Meinung von Honecker stand. Unsicher war dagegen die Haltung des Verteidigungsministers Keßler, der nicht über den Schatten seiner alten Freundschaft zu Honecker springen konnte. Keßler und Honecker fuhren zusammen in Urlaub; sie waren faktisch familiär miteinander. Jedoch war Keßler damals gerade zum Glück in Nikaragua.

Im politischen Alltag vor der Wende allerdings war die Zusammenarbeit mit dem Ministerium für Nationale Verteidigung wesentlich enger, vor allem, wenn es um die Dienst-, Arbeits- und Lebensbedingungen in der Armee und um Fragen der Dialogpolitik ging. Hier waren wir immer die Schiebenden. Immer wenn es um Begegnungen mit Friedensforschern, mit Delegationen von SIPRI (dem Stockholmer internationalen Friedensforschungsinstitut) oder von anderswo ging, immer wenn ausländische Partner Kontakte zur Armee bei uns suchten, dann ging das stets über unseren Tisch. Und es bedurfte immer eines Briefes nach Strausberg, wo das Verteidigungsministerium saß, und von dort wieder einer Rückantwort, daß die Sache genehmigt war. Hier war Herger sehr aufgeschlossen und sehr interessiert. Wir waren fest davon überzeugt, daß solche Kontakte unbedingt gepflegt werden mußten. So war ich selbst noch bis Ende März 1989 zur ersten Begegnung von jeweils vier Offizieren der NVA und der Bundeswehr an Egon Bahrs Institut in Hamburg. Die Lage war aber da schon kurios: Wir wurden zwar vorab kaum beraten über das, was wir dort sagen sollten, dafür wurden wir aber kritisiert, daß wir keine Uniformen anhatten. Hintergrund war aber, daß wir Dinge gesagt hatten, die Honecker oder Keßler selbst an die Öffentlichkeit bringen wollten – schließlich ging es um konkrete Maßnahmen der Truppenreduzierung.

Herger war also zweifelsfrei ein problembewußter Mensch, jemand, der bereit war, Althergebrachtes sehr grundsätzlich in

Frage zu stellen, völlig neue Herangehensweisen zu suchen. Er
– wie wir alle in seinem engeren Kreis – litt ab Mai/Juni 1989,
aber eher wohl schon früher, an dem sichtbaren Niedergang der
DDR, an der Führungsunfähigkeit und Sprachlosigkeit der SED.
Vor diesem Hintergrund gewann das anstehende, eigentlich
verordnete persönliche Gespräch für uns alle besondere Bedeutung. Ich hatte mich gründlich vorbereitet. Meine Meinung war,
die Parteiführung müsse öffentlich auftreten. In den Betrieben.
Am Fernsehbildschirm Politik machen und erläutern. Dafür hatte
ich schon Tage zuvor ein kleines Programm ausgearbeitet. Ich
zeigte es Wolfgang Herger, der stellte es seinen Abteilungslei-
ter-Kollegen Mirtschin (Parteiorgane) und Geggel (Agitation) zu.
Gedacht war daran, die Aussprachen zum Umtausch der Parteidokumente öffentlich zu machen und eine Parteidiskussion damit zu verbinden. Die sollte natürlich anders verlaufen, als in der
über Leitartikel in der Zeitschrift „Einheit" durchgestellten
„treuen und unverbrüchlichen" Art. Natürlich wurde aus diesem
Vorhaben – trotz des Wohlwollens von Mirtschin und Geggel –
nichts.

Dennoch war dieses Parteigespräch so etwa das, was sich
später in einem Dokument niederschlagen sollte.

Ende September erteilte Wolfgang Herger seinem Stellvertreter Peter Miethe und mir den Auftrag, eine Erklärung des Politbüros zu entwerfen. Sie sollte das Ziel haben, mit einer Analyse der Situation die Bürger ins Vertrauen zu ziehen. Sie sollte
Lösungswege vorschlagen, wie der Sozialismus besser auf die
Bedürfnisse und Wünsche der Bevölkerung eingehen könnte,
wie Freizügigkeit gewährt werden könnte, ohne den Ausverkauf
der DDR zuzulassen. Sie sollte die Partei mobilisieren.

Ohne es auszusprechen war klar, daß ein neuer Weg in
diese Richtung mit dem alten Generalsekretär nicht zu beschreiten war. Die Erklärung sollte also das Signal, der Auslöser sein,
um eine Veränderung sowohl politisch als auch personell herbeizuführen.

Was wir da begannen, war keine „Revolution von oben", es
war der Versuch, auf die im Lande mittlerweile in Gang gekom-
mene Bewegung zuzugehen, sie nicht antisozialistisch werden
zu lassen. Wir wollten deswegen all das, was seit der Perestroika
vorstellbar geworden war, auch in der DDR tun.

Honecker hatte am 25. September wieder mit der Arbeit begonnen. Am selben Tag demonstrierten in Leipzig 5000 Menschen, so viel wie noch nie seit dem Mauerbau 1961. Seit Anfang des Monats hatten sich mehrere Oppositionsgruppen ge-

gründet oder umgebildet, die zunehmend organisiert aktiv wurden. Auch an dem Tag, an dem Honecker wieder ins Amt kam, erklärte Hans Modrow, damals der Dresdener Bezirkssekretär, bei einem Besuch in Baden-Württemberg, über das Flüchtlingsproblem müsse offen gesprochen werden. Honecker hingegen versucht, die Probleme mit den Tausenden von DDR-Bürgern, die im Ausland in BRD-Botschaften sitzen, mit seiner alten Geheimdiplomatie zu lösen. Schon drei Tage vorher hatte er sich persönlich in die Sache eingeschaltet und seinen Vertrauten, den Anwalt Vogel, mit einer Sonderbotschaft nach Bonn zu Kanzleramtsminister Seiters geschickt. Das ND begleitet die Entwicklung mit Tatarenmeldungen darüber, wie angeblich westliche Geheimagenten ahnungslose DDR-Bürger von Ungarn nach Österreich entführen und sie dann als Flüchtlinge ausgeben. Erich Mielke, Politbüro-Mitglied und Minister für Staatssicherheit, übt sich am 28. September öffentlich in scharfen Angriffen gegen die Oppositionsgruppe „Neues Forum".

Als das „Neue Forum" mit seinem Aufruf am 10. September an die Öffentlichkeit getreten war, gab es in den persönlichen Gesprächen den Kommentar: bis auf den Nebensatz, wo vom „Staat von Bütteln und Spitzeln" die Rede ist, könnte dieses Dokument – wie auch früher schon Erklärungen der Kirchen – von uns unterschrieben werden.

War es möglich zusammenzufinden? Kritische Leute fanden durchaus auch aufgeschlossene Partner unter den Mitarbeitern des ZK, allerdings nie offiziell. Doch einen Gesprächsfaden zu finden, das war möglich, auch wenn die äußeren Umstände zunächst ungünstig erschienen.

Einen Tag später dreschen Mielke sowie seine Politbüro-Kollegen Stoph (der Ministerpräsident), Sindermann (der Volkskammer-Präsident) und Herrmann (der Medien-Zar) auf die Bundesrepublik ein, machen deren Propaganda und ihre „revanchistische Politik" für die derzeitigen Probleme verantwortlich. Gleichzeitig geht bei der Zeitung „Der Morgen" ein Beitrag des Vorsitzenden der Liberaldemokratischen Partei (LDPD), Prof. Manfred Gerlach, in Druck. Gerlach macht darauf aufmerksam, daß die öffentliche Selbstdarstellung der DDR und ihre Wirklichkeit weit auseinanderklaffen. Und er warnt, „daß sich politische Wachsamkeit auch gegen Bürger zu kehren beginnt, die sich, ihrem demokratischen Verständnis von Humanismus, von Da-sein für Mitmenschen folgend, kooperativ an der Gestaltung des Sozialismus beteiligen wollen, aber Gefahr laufen, als Quertreiber ausgegrenzt zu werden."

Der Veröffentlichung des Beitrags folgt der Zorn aus dem Politbüro. Wie es sein soll, zeigt am 30. September 1989 ein von Honecker persönlich redigierter Kommentar im „Neuen Deutschland": „Zügellos wird von Politikern und Medien der BRD eine stabsmäßig vorbereitete ‚Heim-ins-Reich'-Psychose geführt, um Menschen in die Irre zu führen und auf einen Weg in ein ungewisses Schicksal zu treiben. Das vorgegaukelte Bild vom Leben im Westen soll vergessen machen, was diese Menschen von der sozialistischen Gesellschaft bekommen haben und was sie nun aufgeben. Sie schaden sich selbst und verraten ihre Heimat. Sie alle haben durch ihr Verhalten die moralischen Werte mit Füßen getreten und sich selbst aus unserer Gesellschaft ausgegrenzt. Man sollte ihnen deshalb keine Träne nachweinen."

Dies war die Lage, in der im internen Kreis begonnen wurde, die überfälligen politischen und personellen Veränderungen in der SED einzuleiten.

Der Entwurf der Erklärung war schnell geschrieben, das gedankliche Modell existierte ja schon. Als Krenz am 2. Oktober aus Peking zurückkam, brachte er seinerseits einige Notizen für eine solche Erklärung mit – etwa eine Seite lang hatte er auf der Rückreise handschriftlich einige Gedanken zu Inhalt und Gliederung festgehalten. Das Papier gab er Wolfgang Herger, der reichte es dann an mich weiter.

Vieles von Krenz' Notizen traf sich mit dem, was wir vorbereitet hatten. Am 5. Oktober übergab ich Wolfgang Herger den überarbeiteten Entwurf für die Politbüro-Erklärung. Ich hatte mich bemüht – soweit möglich – auf die hundert geläufigen Partei-Vokabeln zu verzichten und in den Formulierungen bereits wegzugehen von dem Gewohnten.

Es sollte eine schwere Geburt werden – die Annahme dieses Dokuments. Herger mahnte immer wieder bei Krenz an, die Vorlage doch endlich ins Politbüro zu geben.

Wir verloren wertvolle Zeit, in der die alte Führung einen Fehler nach dem anderen machte. Am 3. Oktober 1989 entschließt sich die Regierung zur „zeitweiligen Aussetzung des paß- und visafreien Verkehrs zwischen der DDR und der ČSSR".

Das hieß im Klartext: Schließung der Grenzen, um die anhaltende Fluchtwelle einzudämmen. In Dresden versammeln sich Tausende Menschen zu einem stillen Protest auf dem Hauptbahnhof, in Eisenach, Ruhla und anderen Städten wird gestreikt. Einen Tag später kracht es in Dresden endgültig, als die Züge mit den Prager Botschaftsflüchtlingen via Sachsen nach Bayern fahren – Honecker konnte sich so vormachen, die Flüchtlinge seien doch erst in die DDR zurückgekehrt, ehe sie die Ausreise endgültig genehmigt bekamen. Eine schier unglaubliche Dummheit. Am Dresdener Hauptbahnhof versammeln sich abends etwa 10000 Menschen. Sicherheitskräfte gehen mit Schlagstöcken, Wasserwerfern und Tränengas vor; die Demonstranten wehren sich und werfen Pflastersteine nach den Polizisten. Bahnhofsgebäude und Vorplatz werden schwer beschädigt. Die Bilder, die ein britisches Fernsehteam aufgenommen hat, gehen um die Welt. Parallel läuft der verordnete Jubel zum 40. Jahrestag der DDR an: Orden und Auszeichnungen werden vergeben, Militärs werden befördert, erste ausländische Gäste treffen ein.

Die Feiern werden erbarmungslos durchgezogen, während die Spannungen immer weiter eskalieren: Am 7. Oktober selbst demonstrieren allein in Dresden 30000 Menschen; zwischen Sicherheitskräften und Demonstranten kommt es zu Zusammenstößen. In anderen Städten sieht es nicht anders aus: in Berlin, Leipzig, Plauen, Magdeburg, Karl-Marx-Stadt (Chemnitz), Potsdam oder Arnstadt.

Am Montag, dem 9. Oktober, spricht Krenz mit Honecker über den Entwurf der Erklärung. Honecker zeigt kein Einsehen; am Schluß droht er Krenz, es sei dessen politisches Ende, wenn er die Erklärung doch im Politbüro einbringe. Krenz tut es dennoch. Honecker, dem im Politbüro die Felle wegzuschwimmen beginnen, erreicht zunächst eine nochmalige redaktionelle Bearbeitung des Entwurfes. Seine Gefolgsleute Mittag und Herrmann sollen dies mit Krenz tun, der sich noch schnell Günter Schabowski, den ehemaligen ND-Chefredakteur und späteren Berliner SED-Bezirkschef, hinzuholt. Viel allerdings wurde an dem Entwurf nicht mehr geändert, schließlich passiert er einstimmig das Politbüro.

Da allerdings war die Erklärung eigentlich schon von der Zeit, von der Stimmungslage in der DDR, dem Ausreisestrom und der Unzufriedenheit in der Partei überholt. Dennoch – nach unserem Verständnis Wichtiges war deutlich zu machen: die Partei ist gewillt, die Situation zu meistern; sie kennt die Probleme; sie unterbreitet Vorschläge, um die Lage, um den Sozialismus zu stabilisieren.

Signale waren gesetzt: Warum verließen in Scharen, bei großem persönlichem Risiko, so viele das Land? Es war zwar offensichtlich, damals aber dennoch ein Wagnis, zu schreiben: „Die Ursachen für ihren Schritt mögen vielfältig sein. Wir müssen und werden sie auch bei uns suchen, jeder an seinem Platz, wir alle gemeinsam." Auch bei uns Ursachen für das Verlassen der DDR? Ungeheuerlich!

Die programmatische Aussage war knapp: Es ging um wirtschaftliche Leistungsfähigkeit und ihren Nutzen für alle. Honeckers und Mittags Lieblings-Floskel von der Einheit von Wirtschafts- und Sozialpolitik hatten wir bewußt nicht verwandt, aber diese heilige Kuh wurde im Politbüro wieder in den Text gebracht. Es ging um demokratisches Miteinander und engagierte Mitarbeit, um gute Warenangebote und leistungsgerechte Bezahlung, um lebensverbundene Medien, um Reisemöglichkeiten und um eine gesunde Umwelt.

„Alle Meinungsäußerungen und Vorschläge für einen attraktiven Sozialismus in der DDR sind dafür wichtig. Wir stellen uns der Diskussion." Heute klingt das alles ganz harmlos und selbstverständlich, damals war es aber ein Abgehen von „bestätigten" Formulierungen, ein erstes Abgehen vor allem von der alten Macht-Arroganz: Wir stellen uns der Diskussion. Wie lange war es her, daß ein Politbüro dies dem Volk zusagte? Hatte es das überhaupt schon einmal gegeben?

Eine Woche später war Egon Krenz Generalsekretär. Keine goldene Lösung. Ausgesprochene „Fans von Egon Krenz" – wie im Reim aus seiner FDJ-Zeit – waren durchaus nicht alle Mitarbeiter im Apparat, auch ich nicht. Wolfgang Herger fragte mich, ob ich es für richtig halte, daß Krenz Generalsekretär wird. „Der Bestmögliche ist es nicht", sagte ich, „aber im Moment und in dem Kreis, der uns zur Verfügung steht, haben wir keinen besseren." Herger stimmte mir zu. Er hatte mit Krenz gleichfalls über die anstehende Wahl gesprochen. Sogar er selbst sehe sich nur als zeitweilige Lösung, erzählte Wolfgang Herger.

Was uns gegenüber Krenz skeptisch machte, ist im Nachhinein schwer zu beschreiben. Es war wohl vor allem der Gesamteindruck von seiner Persönlichkeit – seine manchmal spürbare Überbewertung formaler Dinge, seine Zögerlichkeit dort, wo man politisch die Initiative ergreifen mußte. Herger trieb ihn voran, war sein Vertrauter, hatte sein Ohr. Aber würde das für später reichen?

Was sprach für ihn? Wir trauten ihm zumindest die für den Generalsekretär nötige Ausstrahlung zu. Allerdings war die Popularität, die er noch Ende der 70er Jahre als FDJ-Chef hatte, verflogen. Was sein Profil ausmachte, wirkte zunehmend nur noch als Fassade. Und das nahmen die Menschen nicht an.

Sicher war Krenz nicht nur ein Vasall einer alten Linie. Mit seinem Amtsantritt als ZK-Sekretär zum Beispiel wurde eine Linie deutlich, bestimmte Formen der Militarisierung im Alltag zugunsten der Ökonomie wieder abzubauen – etwa bei der Zivilverteidigung. Plötzlich hieß es – und da wurde die Frage interessant –, Zivilverteidigung sei nicht für den Kriegsfall da, sondern für den Katastrophenschutz. Damit endete zum Beispiel die allgemeine Vorbereitung auf das „Überleben" im Atomkrieg. Damals war so etwas schon der Beginn eines Wider-den-Stachel-Lökkens – sogar mit Blick auf Bündnis-Verpflichtungen. Schließlich wurde an der „Verteidigungsbereitschaft" gekratzt. Dies war ein erstes größeres Engagement von Krenz, mit dem er sich ein wenig auf dem Gebiet der Verteidigungspolitik profilierte. Dennoch: Unsere Bauchschmerzen, was seine Fähigkeiten als Generalsekretär betraf, blieben auch angesichts solcher Erinnerungen.

Allerdings haben wir bei unserer gedanklichen Suche nach einem neuen Generalsekretär auch immer nur an den engen Zirkel des Politbüros gedacht, nicht darüber hinaus. Sicher, in revolutionären Zeiten hätte es auch ein ganz anderer sein können, aber das überstieg unsere damalige Vorstellungswelt.

Bestenfalls konnte man auf die Bezirkssekretäre schauen. Und da war Modrow aus Dresden natürlich immer mit in der Diskussion – an einer so engagierten und profilierten Persönlichkeit kam man nicht vorbei. So war eigentlich allen klar, daß Hans Modrow eine Führungsfunktion übernehmen mußte. Allerdings dachten die meisten sofort an einen Ministerpräsidenten Modrow, nicht an einen Generalsekretär. Das hing auch damit zusammen, daß in der Nach-Honecker-Zeit die Kompetenzen zwischen Parteichef und Regierungschef klarer getrennt werden sollten, dem Ministerrats-Vorsitzenden also wesentlich mehr Gewicht zukommen würde. Dafür wurde eine starke und erfahrene Persönlichkeit wie Hans Modrow gebraucht.

Letztlich bestätigten wir uns also immer wieder, es könnte nur Krenz Generalsekretär werden. Andere Namen, die damals in der Presse und im Partei-Tratsch genannt wurden, waren in unseren Augen keine ernsthaften Anwärter. Siegfried Lorenz oder Günter Schabowski zum Beispiel, die Bezirkssekretäre von Karl-Marx-Stadt und Berlin, die im Gegensatz zu Modrow dem Politbüro schon angehörten. Auch sie zählten ja zu denjenigen, auf die wir bei der Beschlußfassung über die Politbüro-Erklärung voll zählen konnten. Sie waren noch relativ jung, waren engagiert. Bei Schabowski wirkte immer noch das Erstaunen nach, daß er die Funktion als Bezirkssekretär packte, obwohl er immer nur Zeitungsmann gewesen war. Als Alternative für den Generalsekretär standen sie nicht zur Debatte. Schabowskis Funktion unter Krenz war es dann, gestützt auf seine Popularität in der Berliner Parteiorganisation und auf seine Fähigkeit, sich vor großem Publikum ohne Papier zu artikulieren, nach draußen zu wirken. Schabowski in erster Linie sollte die Sprachlosigkeit der Parteiführung durchbrechen, was er dann auch tat. Er scheute sich ja auch nicht, sich auf den Alexanderplatz zu stellen, was bestimmt sehr schwer war.

Aber so wichtig die Personen waren – wichtiger war, was konkret geschehen würde. In den Tagen der Ungewißheit, wann, ob und mit welchen Veränderungen die Erklärung nun beschlossen werden würde, arbeitete ich an weiteren Vorschlägen.

Mein Ausgangspunkt – die Annahme der Erklärung vorausgesetzt – war: die politische Aktivität der Partei muß die öffentliche Meinungsbildung bestimmen. Es konnte doch nicht so weitergehen, daß alle Fragen, die unter den Nägeln brannten, von der Kirche und den Oppositionellen an die Öffentlichkeit gebracht wurden und nicht von der Partei. *Wir* mußten damit ins Fernsehen. *Dort* müßte unsere neue Politik begründet werden, von leitenden Leuten und offen. Wer, wenn nicht unsere Parteiorganisationen in den Betrieben, waren prädestiniert, kritisch und offen die Diskussionen zu führen. Doch dazu durfte man sie nicht alleinlassen. Nach meiner Auffassung mußte deutlich werden, daß alle Lebensfragen der Bürger in ihrer Vielfalt und Widersprüchlichkeit die Partei bewegten, in der Partei diskutiert wurden und hier Lösungen nach sozialistischen Grundsätzen gefunden werden, die der öffentlichen Kritik standhielten.

Am 12. Oktober 1989, Honecker war noch im Amt und kämpfte ums politische Überleben, gab ich Wolfgang Herger auf fünf Seiten, was ich für notwendig hielt. Er hatte mich darum gebeten. Als nächsten Schritt nach der Politbüro-Erklärung und neben ihrer öffentlichen Diskussion schrieb ich: „Wirksame Veränderungen, ‚große' Regelungen – keine kleinen Schritte, die nur aussehen wie ununterbrochene Zugeständnisse – müssen folgen: u. a. Reiseverordnung, Amnestie für Verurteilung nach 213 (der Paragraph im politischen Strafrecht der DDR, der das „illegale Verlassen" der Republik kriminalisierte – T. F.), Wehrdienst/Zivildienst, Rolle der Volksvertretungen/Wahlen, Wirtschaft/Versorgung/Leistungsprinzip. Profilierung der befreundeten Parteien und aller im Parlament vertretenen Organisationen, insbesondere FDGB, FDJ, VdgB."

Wenn hier – man muß eben immer wieder die damalige Situation bedenken — schriftlich zunächst nur von den bereits legalen Parteien und Organisationen die Rede ist, dann muß man hinzufügen: Die Zulassung des „Neuen Forums" war für uns damals bereits beschlossene Sache. Eine Formulierung, die nicht ohne mein Zutun in die Antrittsrede von Krenz gelangte, sollte dies signalisieren: „Unsere Gesellschaft verfügt über genügend demokratische Foren, in denen sich die unterschiedlichsten Interessen der verschiedenen Schichten der Bevölkerung für einen lebenswerten Sozialismus äußern können." Dieser Satz sollte eine Brücke zur Zulassung des „Neuen Forums" bauen. Nicht umsonst war von „Foren" die Rede. Verstanden wurde er offenbar nicht so. Zu ähnlich klang er nach den Honeckerschen Thesen, wonach die „sozialistische Demokratie" in der DDR durch nichts zu ersetzen sei. So verkehrte sich die Absicht in ihr Gegenteil — der Satz erschien wie eine Drohung, nicht wie eine Geste des Aufeinanderzugehens.

Besonders beschäftigt und unzufrieden gemacht hat uns, auch später unter Krenz, die Frage: Wann kommt endlich das Reisegesetz? Herger wollte hier eine möglichst schnelle, großzügige Regelung, doch oben fielen keine grundsätzlichen Entscheidungen. Wir wollten den Druck wenigstens in dieser Frage von den Straßen und auch aus den Amtsstuben nehmen, wo einfache Beamte auf der Grundlage nicht haltbarer Verordnungen handelten und den ganzen Ärger auf sich zogen, während die Führung schwieg.

Für uns im Sicherheitsbereich war natürlich auch ein neues konzeptionelles Herangehen an politische Stabilität und innere Sicherheit notwendig. Es war auch möglich: überall, auch in den oppositionellen Gruppen, traf man auf deutliche Ablehnung von Gewalt. Dies war zu einer Grundhaltung geworden.

Viele Fragen galt es, schnell und klar zu beantworten. Erst für uns selbst, dann mit klaren Schlußfolgerungen für die Öffentlichkeit. Also: Was gefährdete die sozialistische Ordnung wirklich? Worin bestand Verfassungsfeindlichkeit? Wo ist Rechtsbruch? Welchen Spielraum, welche „Grauzonen" konnten unsere Gegner nutzen? Wo lag — unter den Bedingungen des stärker werdenden politischen Engagements der Bürger, auch Andersdenkender — die sicherheitspolitische Toleranzschwelle?

In dem Papier beschrieb ich es zunächst mit einem Beispiel: „Der Protest gegen die Errichtung des Feinsiliziumwerkes oder die Mülldeponie gefährdet nicht die DDR. Die Ordnung gebietet Anmeldung, Verantwortung des Veranstalters, evtl. Beobachtung durch die Polizei. Illegale Straßendemonstration mit tätlichem Angriff auf öffentliche Gebäude, Störung des Verkehrs usw. verlangen unbedingtes Eingreifen durch Polizeikräfte." Und zwar nur durch die Polizei. Strikt wandte ich mich dagegen, die Kampfgruppen als Instrument zur Aufrechterhaltung von Ordnung, quasi als Hilfspolizei, einzusetzen.

Notwendig war, die Kriterien für feindliches und verfassungswidriges Verhalten gesetzlich faßbar, öffentlich erklärbar und einleuchtend zu definieren. Die offenkundigste Gefährdung für politische Stabilität und innere Sicherheit bestand in meinen Augen dann, wenn Versorgung, Verkehrsverbindungen, Kommunikatiton lahmgelegt würden, wenn dort die Arbeit niedergelegt würde.

Wir brauchten aber mehr, als nur Klarheit in sicherheitstechnischen Fragen. Wir brauchten eine Absage an Feinddenken. „In der DDR sind mündige, engagierte, selbstbewußte Bürger herangewachsen", schrieb ich, „denen es um Bedingungen für ein erfülltes Leben geht, das soziale Gerechtigkeit, Mitbestimmung und Gleichheit aller vor dem Gesetz einschließt. . . . Alle politischen Positionen, auch extreme, soweit sie weder die Eigentumsverhältnisse noch die staatliche Existenz des Sozialismus in der DDR in Frage stellen, sind nicht feindlich, ihre Vertreter sind nicht Feinde. Unterschiedliche, gegensätzliche Positionen politischer Gegner sind ausschließlich Gegenstand der politischen Argumentation und unterliegen dem Urteil der Bürger durch ihre gewählten Abgeordneten und der freien Meinungsäußerung jedes einzelnen."

So hatte es die SED nie gesehen. Jeder, der eine von der Linie des Politbüros auch nur ein wenig abweichende Auffassung vertrat, wurde beargwöhnt; engagierte er sich über gelegentliche Äußerungen hinaus, tat er sich mit Gleichgesinnten zusammen, so rückte er in die Kategorie „feindlich-negativ". Die Berichte aus dem Ministerium für Staatssicherheit wimmelten nur so davon. Was diese Andersdenkenden vorbrachten, war Anlaß zur Verfolgung, aber nie Gegenstand der politischen Argumentation. Mit der Kriminalisierung Andersdenkender war die Partei seit geraumer Zeit von dem Zwang entbunden, politisch zu argumentieren. Die Abqualifizierung Andersdenkender als Feinde und Kriminelle kastrierte die SED. Nun sollte ausschließlich das politisch-sachliche Argument gelten. Das Urteil über konträre Standpunkte – einer davon war ja dann auch der der SED – sollte den Bürgern übertragen werden; zuvor hatte das Politbüro, hatte der Generalsekretär letztinstanzlich geurteilt. Die Partei hatte immer recht – sie sang sogar ein Lied darüber.

Allmählich begann sich der bislang bewegungsunfähige Koloß zu regen. Am 13. Oktober wurde die Freilassung fast aller inhaftierten Demonstranten bekanntgegeben. Honecker, Herrmann und Mittag treffen sich mit den Vorsitzenden der anderen Blockparteien; der Generalsekretär macht mißmutig einige vage Andeutungen über anstehende Verbesserungen, ansonsten beharrt er uneinsichtig auf den alten Floskeln: jeder habe in der DDR seinen Platz, dieser Sozialismus biete Raum für die Entfaltung eines jeden, die DDR verfüge über ein umfassendes System sozialistischer Demokratie – jeder habe damit die Möglichkeit mitzuwirken . . .

Politbüro-Mitglieder schwärmen in Großbetriebe aus, doch es kommt nicht weit über das Zeremoniell hinaus. Zu eng sind noch die Grenzen öffentlicher Debatte gezogen, zu sehr sind die Gäste von oben in den Vorstellungen bürokratisch-administrativer Herrschaftsformen gefangen.

Wir brauchen Taten, nicht nur Worte. Wir brauchen energische Schritte.

Der Sturz Honeckers – natürlich war er so ein Schritt. Doch nach außen hin – Krenz ist zu sehr in seiner Rolle als politisches Ziehkind seines Vorgängers gefangen – wird die Absetzung als ein Rücktritt des bekanntermaßen wirklich kranken Generalsekretärs „aus gesundheitlichen Gründen" dargestellt. Die Partei trennt sich nicht von dem Mann, der die verfehlte Politik der letzten Zeit zu verantworten hatte und nicht bereit gewesen war, sie zu korrigieren – nein, die Partei mauschelt mit der Vergangenheit, sorgt sich mehr um das seelische Gleichgewicht Honeckers als um das politische Gleichgewicht im Lande.

Dann die ersten Tage von Krenz:

Am Morgen nach seiner Wahl trifft er sich mit Landesbischof Werner Leich – nach außen hin keine offene, selbstkritische Aussprache über die Verwerfungen der Vergangenheit im Verhältnis Partei – Kirche; das Gespräch selbst soll Signal sein.

Das Verbot der sowjetischen Zeitschrift „Sputnik" wird aufgehoben.

Der Ministerrat erteilt dem Innenministerium den Auftrag, ein Reisegesetz auszuarbeiten. Allen DDR-Bürgern wird ein Paß versprochen.

Abrüstungsinitiativen, wenn auch schon unter Honecker geplant: Sechs NVA-Panzerregimenter werden aufgelöst, ein Jagdflieger-Geschwader folgt.

Der Staatsrat beschließt eine Amnestie für alle, die bis dahin wegen ungesetzlichen Grenzübertritts oder aus politischen Gründen strafrechtlich verfolgt wurden.

In die ersten Tage der Amtszeit von Krenz fällt aber auch die Entscheidung, ihn in der Volkskammer auch zum Staatsratsvorsitzenden wählen zu lassen. Die Ämterhäufung kommt in der Bevölkerung nicht gut an, altes Machtdenken der SED sieht man nicht zu Unrecht kultiviert.

Das alles sind unglückliche Signale. Zudem beginnen die anderen Parteien, uns zu überholen. Am 24. Oktober legen die Liberaldemokraten, am 28. Oktober die Christdemokraten Positionspapiere zur künftigen Entwicklung vor. Die LDPD besetzt durch konkrete Forderungen nach Reisemöglichkeiten für jeden Bürger in das westliche Ausland, nach neuen gesetzlichen Regelungen für die Entlassung aus der DDR-Staatsbürgerschaft und nach geheimen Wahlen diese Themenfelder. Die CDU zieht nach und reserviert für sich die Bereiche ziviler Wehrersatzdienst und Mittelstandspolitik.

Auch für uns war klar, daß ein Aktionsprogramm zentrale Bedeutung für die Erneuerung der SED haben mußte. Doch erst am 29. Oktober setzte das Politbüro aus seinen eigenen Reihen eine dafür verantwortliche Kommission ein. Eigentlich verantwortlich war Siegfried Lorenz, als Sekretär der Kommission wurde der Leiter der Abteilung Parteiorgane, Mirtschin, eingesetzt. Aus der Erfahrung beim Zustandekommen der Politbüro-Erklärung heraus traf mich der Auftrag, den ersten Entwurf für das Aktionsprogramm vorzulegen — obwohl das nun wirklich nicht einem Mitarbeiter in der Abteilung für Sicherheitsfragen zukam. In der mir „irgendwie" zugefallenen Rolle als Autor und Organisator fand ich in Eberhard Heinrich, Achim Wolf, Klaus Heuer, Günter Bobach und Gregor Schirmer kluge und engagierte Mitstreiter. Wir arbeiteten gemeinsam den Entwurf für das Dokument aus und übergaben es den Abteilungen und natürlich den Mitgliedern der Kommission. Zwischenzeitlich gab es kurze Konsultationen mit Wolfgang Herger.

Verwendet haben wir Dutzende längere und kürzere Ausarbeitungen und Standpunkte engagierter Genossen, von Gruppen, von Wissenschaftsbereichen. Vor uns lagen Studien des Forschungsprojekts für einen modernen Sozialismus an der Berliner Humboldt-Universität, Materialien des Zentralinstituts für Jugendforschung in Leipzig, der Akademie für Gesellschaftswissenschaften beim Zentralkomitee, der Akademie für Staats- und Rechtswissenschaften und anderer. Auch die Abteilungen des ZK-Apparates übergaben uns mehr oder weniger qualifizierte, meist längere Ausarbeitungen. Eine Fassung jagte die andere. Inhaltliche Diskussionen konnten wegen der sich überschlagenden aktuellen Ereignisse kaum stattfinden.

Klar waren aber die Grundpositionen: Es ging um einen besseren Sozialismus, um eine Ordnung, die die Bedingungen schafft, damit die Menschheitsprobleme im dritten Jahrtausend unserer Zeitrechnung auf menschenwürdige Art gelöst werden können. Was sollte sie auszeichnen: soziale Gleichheit; keiner lebt auf Kosten anderer; nicht der Besitz entscheidet über die Entfaltung der Persönlichkeit. Endlich müßte unser eigentliches Prinzip verwirklicht werden: Jeder nach seinen Fähigkeiten, jedem nach seiner Leistung. Was schien uns erreicht, was unverzichtbar: die Deutsche Demokratische Republik als eigenständiger sozialistischer Staat selbst, ihr Antifaschismus, die Selbstverständlichkeit von sozialer Sicherheit und Sicherheit des Bürgers im Alltag, das Selbstbewußtsein des Arbeiters, die in der Verfassung verankerte politische Herrschaft der Arbeiter und Bauern, das gesellschaftliche Eigentum an den wichtigsten Produktionsmitteln, das Ansehen der DDR als Friedensfaktor im Herzen Europas.

Und die Partei? Sie sollte wieder die führende Kraft werden. Warum? Weil sie über ein wichtiges theoretisches Konzept für die gesellschaftliche Entwicklung verfügte. Allerdings hatte sie es bislang nur unvollkommen umgesetzt. Sie zählte über zwei Millionen Mitglieder, die im Volk lebten und mit ihm verbunden waren. Doch wir hatten Nachholebedarf in Demokratie von unten. Demokratische Regeln und Kollektivität mußten aber auch in der Führung einziehen. Die Arbeit in führenden Funktionen wollten wir auf zwei Wahlperioden begrenzen.

Schließlich mußte mit dem Aktionsprogramm die wirkliche Absage an Feinddenken verbunden sein. Das war wegen des gegen das Neue Forum ausgesprochenen Verbots äußerst wichtig.

Klar war also: Reformen und Erneuerung taten allenthalben in der Partei und in der Gesellschaft not, auch das war unsere Grundposition.

Dennoch: Den Zugang zu neuer Denkungsart zu finden, war qualvoll. Mir und meinen Freunden fiel er schwer. Ständig ertappten wir uns bei alten Formulierungen.

Die Beratungsrunden im alten Politbüro (dort hatte sich ja nur insofern etwas geändert, daß Honecker, Mittag und Herrmann nicht mehr teilnahmen) zeugten hingegen von völligem Unvermögen und von Senilität. Ein simples Beispiel: In jedem der ersten Entwürfe, die dann jeweils im Politbüro oder in einem kleineren Kreis von dessen Mitgliedern besprochen wurden, stand der Satz: „Militärparaden sind für die Darstellung der Verteidigungsfähigkeit nicht erforderlich." Die Paraden waren nicht nur seit Jahrzehnten ein ritueller Streitpunkt mit den drei Westmächten wegen ihrer Auffassung vom Status Berlins, sondern sie hatten auch für die Debatte innerhalb der Gesellschaft eine besondere Brisanz, seit auf Intervention aus dem Volksbildungsministerium einige Schüler der Berliner Carl-von-Ossietzky-Oberschule wegen eines Wandzeitungsartikels gegen Militärparaden relegiert worden waren. Doch jedes Mal wurde dieser Satz bei den Beratungen im Politbüro auf Verlangen des Verteidigungsministers wieder herausgestrichen.

Für mich war dieses Detail nicht nur symptomatisch für altes Denken, sondern auch ein ganz persönliches Ärgernis. Vor Jahresfrist hatte ich in einer öffentlichen Veranstaltung in der Stadthalle von Cottbus die Frage beantworten sollen, warum Paraden notwendig seien. Das war mir sehr unangenehm. Einerseits hatte ich seit jeher die Paraden als nicht förderlich für die Stärkung der Wehrbereitschaft angesehen, andererseits waren eben gerade vorher in Berlin die Schüler von der Schule geworfen worden — deswegen wurde mir die Frage ja gestellt. Ich machte bei der Begründung in Cottbus eine sehr miese Figur. Dafür biß ich mich diesmal an der Formulierung fest. Im Aktionsprogramm blieb schließlich die Ablehnung der Paraden stehen.

Durch das ständige Hin und Her, durch die zahlreichen Ergänzungen wurde das Aktionsprogramm immer mehr belastet. Die „Aktion" war gar nicht mehr so recht sichtbar, vor allem dort, wo es ökonomisch konkret werden mußte. Dennoch trug das Programm zum geistigen Klärungsprozeß im Hinblick auf den anvisierten Parteitag bei — so glaubten wir. Auch aus heutiger Sicht meine ich, das Programm hätte schon greifen können, wenn wir noch Zeit gehabt hätten.

Doch die Unfähigkeit des alten Politbüros war schon so öffentlich, daß kaum noch Bewegungsraum blieb. Es geschah nach wie vor nichts, was den Bürgern einschneidende Änderungen gebracht hätte. Die „Alten" mußten weg. Sie wirkten — auch jene, die durchaus versuchten, den Zeitgeist zu erfassen — als Bremsklötze. Immer wieder erlebte ich, wie Wolfgang Herger aus den Politbüro-Sitzungen kam und klagte: „Die diskutieren wieder und wieder den alten Schnee, wollen sich rechtfertigen — und es bewegt sich nichts. Alles, was ansteht, kommt nicht vorwärts." Dann gab es einen Prozeß, da diskutierten die alten

Männer, wer freiwillig abtreten würde. Mielke erklärte sich bereit, auch Hager – aber eben nicht alle. Einer machte seine Bereitschaft vom anderen abhängig. Doch auch die neuen Leute, die Jüngeren, waren nicht kühn genug – aus Rücksichtnahme gegenüber den Alten, aus Befangenheit, aus eigener Verstrickung in die früheren Fehler, aus Unfähigkeit auch.

Das wurde zunächst sichtbar darin, daß man Krenz partout – wie Honecker – in alle drei Führungsfunktionen katapultierte: Generalsekretär des SED-Zentralkomitees, Vorsitzender des Staatsrates der DDR und Vorsitzender des Nationalen Verteidigungsrates. Dabei war durchaus ernsthaft über eine andere Lösung nachgedacht worden. Dennoch setzte sich das herkömmliche Muster durch, weil andere Formen einfach nicht „vorgedacht" waren, weil die Argumente gegen das Herkömmliche zu schwach waren.

Ähnliches Unvermögen zu richtigem Handeln im richtigen Moment zeigte sich in der Weigerung, das nächste ZK-Plenum sehr rasch durchzuführen, obwohl dann doch ein Zeitpunkt erzwungen wurde, der nicht so weit hinten lag, wie eigentlich geplant. Das Argument gegen eine baldige Tagung hieß, man brauche doch Zeit für gründlichere Vorbereitungen. Das hatte durchaus etwas für sich, nur wir hatten diese Zeit einfach nicht mehr! Unser Problem war eben zu einem großen Teil, daß zu wenig vorbereitet war, daß zu wenig ausgereifte Konzepte vorlagen, die man nur aus der Schublade zu holen brauchte.

Wenige Tage hatten gereicht, möglichen Kredit der neuen Führung zu verspielen – auch in der Partei selbst. Als das Zentralkomitee seine 10. Tagung abhielt, demonstrierte vor dem Haus bereits die unzufriedene Parteibasis. Man traute diesem Zentralkomitee nicht mehr. Die Leute, die die Staffage für Honecker abgegeben hatten, konnten die Wende nicht glaubhaft machen. Zweimal ändert sich während dieses Plenums die Zusammensetzung des Politbüros, weil Mitglieder von der Parteibasis nicht getragen werden. Bezirksleitungen entziehen ehemaligen 1. Sekretären das Vertrauen, vor dem Haus werden andere bei der Verlesung der Namen durch Günter Schabowski von den Demonstranten ausgepfiffen.

Die Parteibasis fordert Veränderungen nicht nur im Politbüro, sie will ihre Vertrauten im Zentralkomitee haben. Schabowski – völlig in Übereinstimmung mit den Absichten der Noch-Parteiführung – versucht bei der Demonstration, die Forderung der Kundgebungsteilnehmer als den Wunsch nach einer Parteikonferenz zu interpretieren. Bei einer Parteikonferenz aber

können laut Statut bestenfalls einzelne ZK-Mitglieder nachge-
wählt, jedoch kein grundsätzliches Revirement vorgenommen
werden.

Die Führung beendet das Plenum nach der Annahme des
Aktionsprogrammes und in dem Glauben, sich mit der von Schabowski dargestellten Variante – Parteikonferenz statt Sonderparteitag – gegenüber der Parteibasis halten zu können. Landesweit
jedoch beginnen die Grundorganisationen, schriftlich beim Zentralkomitee die Einberufung eines Sonderparteitages zu verlangen. Es sollen so viel Anträge zusammenkommen, daß ein anderer Passus des Statuts in Kraft tritt, der das Zentralkomitee zur
Einberufung zwingt. Vor allem der Rundfunk unterstützt diese
Bewegung. Zugleich wird auch auf Kundgebungen weiter massiv die Forderung nach einem Sonderparteitag erhoben, so etwa
am 10. November in Berlin auf der von der dortigen Bezirksleitung organisierten Veranstaltung im Lustgarten.

Zwei Tage später sieht sich das Politbüro auf einer Sonn-
tagssitzung zu dem „Vorschlag" gezwungen, die für Mitte Dezember einberufene Parteikonferenz in einen Parteitag umzu-
wandeln. Die Mitglieder des Zentralkomitees sind kaum nach
Hause gekommen, da müssen sie drei Tage später schon wieder
nach Berlin kommen, um die Wendung des Politbüros nachzuvollziehen und ihren verfehlten Beschluß zu revidieren. Politbüro und Zentralkomitee haben jegliche Initiative verspielt. Alle
Hoffnungen richten sich fortan auf die neue Regierung des desi-
gnierten Ministerpräsidenten Hans Modrow.

Die hauptamtlichen Parteifunktionäre – gleich ob Politbüro-
Mitglied oder Mitarbeiter im Apparat – werden immer mehr
zum Sinnbild des Versagens. Ungeachtet dessen wollten auch
wir unser Bestes für die Rettung der Partei und des Landes lei-
sten. Am 13. November 1989, drei Tage nach der problemati-
schen 10. ZK-Tagung und genau an dem Tag, an dem die 11. Tagung den Außerordentlichen Parteitag einberuft, sprach ich auf
einer Parteiversammlung meiner Grundorganisation im „Großen
Haus". Ich hatte mich gründlicher vorbereitet als bei Auftritten
anderswo, denn bekanntlich gilt der Prophet im eigenen Land
weniger. Außerdem hatte ich schlechte Erfahrungen gemacht,
wollte genau wissen, was ich sage, und vor allem, was ich gesagt hatte.

Die Grundidee des Beitrages war: Es sind noch genau
30 Tage bis zur Eröffnung des Außerordentlichen Parteitages.
Diese Grundidee hatte einen speziellen Hintergrund: Zwischen
der Gründungserklärung des „Neuen Forums" und der gespen-

stischen offiziellen Kundgebung auf dem Berliner Bebelplatz Anfang September einerseits sowie der Politbüro Erklärung und der kritischen Leipziger Demonstration am 9./10. Oktober andererseits, zwischen der Öffnung der Mauer und jetzt dieser Versammlung einerseits sowie dem Außerordentlichen Parteitag andererseits – immer lag etwa ein Monat dazwischen. Ein Monat, wo sich Entwicklungen vollzogen, für die sonst Jahre nötig waren, wo sich revolutionierende Ereignisse vollzogen, die alle bestehenden Strukturen radikal veränderten.

Wir sahen sie möglicherweise kommen, sahen Veränderungen als nötig an, waren auch gewillt, radikale Reformen zu tragen, und glaubten, den Prozeß noch beeinflussen zu können. Doch weder war das möglich noch hatten wir das Vermögen dazu. Unsere Vorstellungen, selbst die derjenigen, die auf Veränderungen aus waren, hinkten diesen 30 Tagen mindestens immer um 23 hinterher.

Ich betonte damals das Außerordentliche an diesem Parteitag – in den Anforderungen an unser Denken, bezüglich der inneren und äußeren Bedingungen, bezüglich der zur Verfügung stehenden Zeit, bezüglich der erforderlichen persönlichen Anstrengungen. Und ich fand damit Anklang unter ihnen. Auch mit den folgenden Überlegungen: „Die Parteimitglieder bringen ihre Gedanken, Vorschläge und Forderungen ein! Auf sie müssen wir uns orientieren! Wie gut, daß die Partei erwacht! . . . (Auch) die Kaderpolitik wird von dem Willen der Parteimitglieder bestimmt! Unsere Pflicht: sich den kühnsten Gedanken zu stellen und sie zu verarbeiten!"

Eigentlich lag doch in diesem Aufbruch, in dem sich umkehrenden Verhältnis zwischen Basis und Führung eine große Chance. Es war ja nicht so, daß über zwei Millionen SED-Mitglieder blind und nur mit dem ND vor den Augen durch die DDR gelaufen sind. Sie haben doch gesehen, was los war, und sie haben es auch signalisiert. Doch was brachte es: Beschwerte sich ein Wohnpartei-Sekretär im Raum Dresden über den auch gegen DDR-Recht verstoßenden Bau des geplanten Silizium-Werkes, so sagte man ihm: Halt den Mund, das brauchen wir für die Mikro-Elektronik. Er wurde diszipliniert und zog wieder nach Hause. Und die Leute gingen zur Kirche, gingen zur Opposition. Dann wurde man schon eher hellhörig. Doch so lange es nur die eigenen Leute gesagt hatten, wurde es nicht für ernst genommen, nicht weitergegeben, oder es kam nicht in einer solchen Weise an die große Glocke, daß es den obersten Chef anregte oder aufregte. Den regte es nur auf, wenn es in der (West-)„Berliner Morgenpost" stand. Also mußten Kirche und Opposition in vielen Fällen öffentlich machen, was doch eigentlich auch Erkenntnis und Meinung unserer Genossen war. Das war schon eine verfluchte Tragik.

Den Parteitag bereiteten alsbald andere vor – abgesehen von einigen organisatorischen Arbeiten zur formellen Sicherstellung. Nicht mehr der Kampf um die „führende Rolle" – das bis dahin Heiligste – stand auf der Tagesordnung, sondern der Kampf um die Existenz der Partei überhaupt.

Für mich und sicher für sehr viele Genossen war die Existenz der Partei Lebensinhalt. Und unser Bangen galt natürlich dem Leben dieser Partei, verbunden mit unseren Idealen von Sozialismus, wie sie etwa im Aktionsprogramm standen.

Das gab für uns auch den Hintergrund für die Sorge um das Parteivermögen. Entstanden war dieses Thema meines Wissens nicht auf unserem Mist, solche „marktwirtschaftlichen" Dinge lagen uns nicht. Und: Wer wußte denn schon über die Parteifinanzen Bescheid? Aber es war damals schon schlecht vorstellbar, wie diese Partei ohne materielle Grundlagen gewohnter Art existieren sollte. Und dem hauptamtlich bei der SED Angestellten ging es natürlich auch um seine nackte Existenz. Von Tag zu Tag wurde ja der Druck deutlicher, daß die alten Mitarbeiter gehen sollten – ob nun aus Schuld, Unfähigkeit oder persönlichem Versagen; vor allem aber, weil die alte Art des Herrschens nicht mehr möglich war.

Der Zorn der Basis fand im alten Apparat seinen Blitzableiter. Wenn es bei den neuen Partei-Oberen im Arbeitsausschuß nicht klappte, fand man das verständlich. Wer also hatte Schuld? Der Apparat. Zu Recht? Zu Unrecht?

Zu Recht generell: Der alte Apparat, der die Machtmechanismen einer unfähigen Führung gestaltet hatte – ob mit wachem Verstand und zähneknirschend oder treu ergeben, widerspruchslos und mit nicht allzuviel Initiative –, dieser alte Apparat mußte weg. Für mich stand schon fest, daß nach 35jähriger Tätigkeit dort meine Funktion nur noch darin bestehen konnte, „das Licht auszumachen".

Schuldzuweisungen an den Apparat kamen aber auch zu Unrecht, wenn es undifferenziert darauf hinauslief zu unterstellen, alle Apparat-Mitarbeiter seien unfähig, privilegiert, korrupt und nur darauf aus, anderen das Leben schwerzumachen und sich die eigenen vermeintlichen Pfründe zu erhalten.

Der Aufstand

Nach der Hatz des Sich-ständig-korrigieren-Müssens in den Tagen der 10. und der 11. ZK-Tagung verschwindet die Parteiführung zunächst wieder von der Bühne der Tagespolitik. Die Gliederungen der SED sind gehalten, sich mit dem schon der Lage hinterhereilenden Aktionsprogramm zu befassen, mit dem die Partei — so richtig sein Inhalt war — wieder die politische Initiative verfehlt hatte.

Und die Entwicklung galloppiert weiter: Während in der Partei noch immer der bei der Bevölkerung festzustellende „Vertrauensverlust" beklagt und über Wege zur Rückgewinnung von Vertrauen gesprochen wird, fordern am 14. November 1989 mehrere Parteien und gesellschaftliche Organisationen die Abschaffung des Verfassungsparagraphen über die führende Rolle der SED.

In Bonn ist von Hilfe für die sich wandelnde DDR und zugleich von Bedingungen dafür die Rede. Von seiten der Regierungsparteien dort verlangt man, die sozialistische Planwirtschaft durch eine soziale Marktwirtschaft zu ersetzen, ehe Hilfe kommt. Am selben Tag, dem 16. November 1989, setzen auch die ersten, noch systemtreuen Zeitungen Zeichen: Sie beginnen mit dem Abdruck der westlichen Fernsehprogramme. Im Westen Deutschlands sind die Straßen mit „Ossis" verstopft, die die noch nicht einmal eine Woche alte Reisefreiheit ausnutzen.

Was sich in Deutschland zu vollziehen beginnt, beschreibt aber nicht die SED, sondern die SPD. Deren Ehrenvorsitzender Willy Brandt am selben Tag im Bundestag in Bonn: „Was wir erleben, das hat nun zu einem nicht unerheblichen Teil zu tun mit dem Heranwachsen einer Einheit von unten. . . . Die Einheit wächst von den Menschen her auf eine Weise, die so kaum jemand vorausgesehen hat."

Die Regierung Modrow tritt ihr Amt an. Das Programm des neuen Premiers überzeugt die Menschen mehr als das Aktionsprogramm der Partei. Der ehrliche Hans — ein Symbol, das bald die Atmosphäre im Land mit prägt. Doch so groß ist die Wirkung nicht, als daß dadurch eine Umkehr der Übersiedlerwelle erreicht werden könnte. Die für Rückkehrer eingerichteten Auffanglager in der DDR bleiben weitestgehend leer. Obwohl im Westen mittlerweile die ersten Trabis angezündet wurden.

Parallel gerät Krenz unter Druck. Bei den Demonstrationen tauchen Spruchbänder wie dieses auf: „Wer uns einmal belog, kann nicht führen den Dialog." Direkte Rücktrittsforderungen gegen Krenz werden immer lauter.

Modrow läßt durchblicken, daß die DDR-Bürger wie auch die Gläubiger des Landes unter dem ZK-Sekretär für Wirtschaft, Mittag, über die Finanzlage belogen worden sind. Die Verschuldung scheint weit höher, als angenommen, die Zahlungsfähigkeit möglicherweise nicht mehr voll gesichert.

Am 20. November 1989 beginnen die Enthüllungen über das luxuriöse Leben der Politbüro-Mitglieder in der Waldsiedlung Wandlitz. Doch die Offenheit ist eingeschränkt, Scheibchen für Scheibchen nur erfährt man Näheres über die Art der Wasserhähne in den Wohnhäusern, über die Fabrikate der Haushaltsgeräte, über die Verkaufsstelle und das Privileg, über West-Katalog zu Spottpreisen zu bestellen. Schließlich erfährt man, daß aus den Verkaufsregalen der Waldsiedlung wichtige, interessante Produkte verschwanden und zwischengelagert wurden. Der Umfang der Jagdgebiete wird offengelegt. Politbüro-Mitglieder entpuppen sich als private Baulöwen.

Am 24. November 1989 teilt Heinz Mirtschin, der zuständige Abteilungsleiter im ZK, mit, die SED habe in den wenigen Wochen seit der Wende insgesamt etwa rund ein Zehntel ihrer über 2 Millionen Mitglieder verloren.

Bundeskanzler Kohl legt am 28. November seinen 10-Punkte-Plan zur deutschen Einheit vor. Die SED-Führung hat dem nichts Konstruktives entgegenzusetzen. Stefan Heym, Christa Wolf und andere Schriftsteller und Intellektuelle bitten um Unterschrift unter ihren Appell „Für unser Land". Als einer der ersten und mit großem öffentlichem Rummel unterschreibt der angeschlagene Generalsekretär Krenz. Damit macht er es vielen schwer oder gar unmöglich, sich nach ihm auf der Liste einzutragen.

Hauptthema jedoch sind die Enthüllungen über Amtsmißbrauch und Korruption. Seitens der Führung gibt es keine schonungslose Offenlegung der Verhältnisse, eher ist ein Bemühen spürbar, zu verschleiern, wo noch verschleiert werden kann. Jedes neue Detail über die Selbstsucht und den Byzantinismus der SED-Führung heizt die Emotionen an, polarisiert die Gesellschaft. Jeder bekannt gewordene Versuch, den Schaden durch Verschleiern zu verringern, hat dasselbe Ergebnis. Vor der Volkskammer tritt in Rede und Gegenrede der wirklich geistige und moralische Zustand der alten Partei- und Staatsführung zu

Tage und wird zu einem weiteren Politikum. Klassisch wird der Satz des in die Ecke getriebenen, seinen ehemaligen Stasi-Ministers Erich Mielke: „Was habt ihr denn; ich liebe euch doch alle!"

Wut treibt die Menschen um – Wut darüber, betrogen worden zu sein; genauso aber Wut darüber, sich selbst von solchen Leuten betrogen haben zu lassen.

Zudem spüren die Menschen, daß die halb-neue Führung unter Krenz kein konstruktives Verhältnis zur Revolution im Lande findet. Man traut ihr nicht; die Angst vor einem Umkippen der Ereignisse, vor Gewalt und Terror, bleibt. Nicht zu Unrecht: „Sicher stimmen wir überein", so schrieb Krenz in einem chiffrierten Telex an die SED-Kreisleitungen über die große Berliner Demonstration vom 4. November, „daß die Kundgebung . . . in der Partei Betroffenheit und viele Fragen ausgelöst hat. Es gab zu dieser Kundgebung keine Alternative. . . . Zugleich wurde deutlich, daß es in diesem Land auch falsche Töne gibt, Töne gegen die führende Rolle unserer Partei."

Die Kämpfe in der Partei, die Kämpfe zwischen Basis und Führung, drängten zur Lösung. Es war die entscheidende Zuspitzung des Kampfes um die Macht, um Revolution oder Konterrevolution. Würde die mit dem Volk verbundene Basis oder die der Volksbewegung negativ gegenüberstehende Politbürokratie siegen? Könnte die SED ihre überfällige Entmachtung von sich heraus bewerkstelligen und damit die Revolution aus eigener Kraft friedlich weiterführen – oder würde sich die stalinistische Herrschaftsstruktur dem in den Weg stellen können?

Thomas Falkner über den Aufstand der SED-Basis im Winter 1989:

Das Innenleben der SED war eine eigene, skurrile Welt. Hier gingen die Uhren anders als „draußen", im wirklichen Leben, hier galten andere Wahrheiten. Es war wie eine Verschiebung des Kalenders: Was sich in jenem wirklichen Leben außerhalb der SED ereignete, holte die Partei immer erst mit einiger Verspätung ein. Was hingegen die Partei selbst bewegte und umtrieb, erreichte immer seltener das Bewußtsein der Menschen im Land. Die Logik, die Verhaltenszwänge innerhalb der Staatspartei lehnte das Volk instinktiv ab; im Detail verschlossen sich diese Logik und diese Zwänge aber auch der Kenntnis vieler. Handelnde Personen in dem skurrilen Stück „Das Innenleben der SED" waren alle rund 2,3 Millionen Mitglieder: die Basis, der Partei-Apparat, die Parteiführung. Dabei hatte die Überzeichnung ins Groteske längst begonnen: In allen drei Gruppen gab es mehr und mehr Menschen, die nicht mehr verstanden, warum sie sich so und nicht anders verhielten – aber sie taten es dennoch.

Die SED selbst mußte endlich Gegenstand der öffentlichen Auseinandersetzung werden. Am Morgen des 4. November verbreitete der Rundfunk der DDR in den Nachrichten über alle seine Inlandssender über mehrere Stunden folgende Meldung: „Berlin: SED-Mitglieder aus dem Berliner Werk für Fernsehelektronik haben sich dafür eingesetzt, die Partei entsprechend der Umgestaltung in der Gesellschaft selbst zügig zu erneuern. Die werktätigen Genossen müßten die entscheidende Stimme haben; aus Parteileitungen – gleich welcher Ebene – heraus dürfe der Erneuerungsprozeß nicht behindert werden. Die SED könne ihrer Verantwortung vor der Gesellschaft nur dann entsprechen, wenn sie in den eigenen Reihen überall Demokratie und Meinungsstreit entfaltet und die Debatte öffentlich macht. In diesem Sinne faßten Genossen des Bereiches ‚Entwicklung der Lichtleiter-Technik' des WF den Standpunkt ihrer Parteiorganisation gegenüber unserer Redaktion zusammen."

Eine gewiß ungewöhnliche Meldung für Leute, die Nachrichten über Ereignisse von Weltrang, über Äußerungen von international tonangebenden Politikern, von hohen und höchsten DDR-Funktionären zu hören gewöhnt waren. Doch sie sollte ein Signal setzen. Die SED-Mitglieder sollten durch den öffentlichen Vorstoß ermutigt werden, sich und ihre Partei selber in Frage zu stellen, sich der Unterordnung durch die Funktionäre aller Ebenen zu entziehen, die selbst den für sie jähen Wechsel vom stock-konservativen Honecker zum um ein etwas flexibleres Herangehen bemühten Krenz nicht verkrafteten und sich abwartend, also bremsend, verhielten. Daher diese Aktion von Rundfunk-Nachrichtenredakteuren und SED-Mitgliedern des Berliner Werkes für Fernsehelektronik, eine Aktion, die sich als ein Pilotprojekt für mehr erwies.

In die SED-Basis setzten zu diesem Zeitpunkt fast alle damals aktiven Kräfte große Hoffnungen. Das Beste an der Partei ist ihre Basis, war ein häufig getaner Ausspruch. Auch das Neue Forum, die wichtigste Oppositionskraft, hatte sich mit dieser Intention am 8. Oktober ausdrücklich an die Parteimitglieder gewandt: „Ihr bildet die größte und wichtigste Körperschaft in diesem Lande. Zu Euch gehört ein enormes Potential von Fachwissen und Leitungserfahrung, das für die Erneuerung unserer Gesellschaft dringend gebraucht wird. Ihr beansprucht die führende

Kolle – übt sie aus! Führt die Diskussion in Euren Reihen: führt das Politbüro in die wirklichen Probleme der DDR ein, führt die Gesamtpartei zu einem konstruktiven, lebenswahren Kurs! . . . Die Diskussion, die die SED selbst führen muß, ist ein wichtiger Teil der gesamtgesellschaftlichen Diskussion, die unser Land braucht."

Parteigliederungen wie die, von der in der Rundfunkmeldung die Rede war, schienen diese Hoffnungen zu rechtfertigen. Im Werk für Fernsehelektronik bekam man die Wirrungen Mittagscher Hochtechnologie-Politik am eigenen Leibe zu spüren. Widerstand wurde geradezu herausgefordert. Anderthalb bis zwei Jahre vor der „Wende" hatte man in diesem Bereich begonnen, nicht nur die eigenen Probleme zu analysieren, sondern über Partei und Gesellschaft insgesamt nachzudenken. Die Parteileitung setzte Arbeitsgruppen ein, die nach eröffnenden Diskussionen in Parteiversammlungen die wichtigsten Erkenntnisse zusammenfaßten und weiterentwickelten. Dann stand alles erneut zur Debatte, ehe ein gemeinsamer Standpunkt schriftlich festgehalten wurde. So gab es lange Positionspapiere zur Wirtschaftspolitik der SED, zur „ideologischen Arbeit" (d. h. zu Agitation und Medienpolitik), zur innerparteilichen Demokratie und zur Demokratie in der Gesellschaft.

Dies alles war in der SED möglich und auch nicht möglich. Da die Papiere nicht im Schreibtisch verschwanden, sondern weitergereicht wurden – auch nach „oben" –, bekam die Kreisleitung von der Sache Wind und schaltete sich ein. Harte „Fragen" wurden gestellt: Wie man es mit der Parteidisziplin halte, oder ob man Fraktionsmacherei betreiben wolle. Doch Bangemachen galt nicht, und die Zentrale Parteileitung des Werkes hielt ihre Finger über ihre Schäfchen. Auch seitens der Bezirksleitung setzte man auf Verständigung. Der damalige Wirtschaftssekretär Heinz Albrecht, der Verhandlungspartner der späteren WF-Plattform am Vorabend des endgültigen Abtritts von Zentralkomitee und Politbüro, wurde in das Werk entsandt. Man suchte nach Verständigung und blieb im Gespräch.

Vieles, fast alles, was inner- und außerparteiliche Opposition in diesen Tagen von der SED-Basis erhoffte, erwies sich als Illusion. Wir in der SED gingen zu sehr von uns selbst aus. Wir setzten voraus, daß sich *überall* in der Partei Leute wie wir kritisch und vor allem gründlich mit der real-sozialistischen Wirklichkeit auseinandergesetzt hatten und daß sie – wie wir für unsere Bereiche – zu alternativen Lösungsvorschlägen gekommen waren, die man nur freisetzen mußte, indem man den

Druck der Disziplinierung von oben nahm. Doch so war es nicht. Nur hier und da hatte man sich eigene Gedanken gemacht, die meisten warteten weiter auf Vorgaben von oben. Wenn sie in diesen Tagen zornig wurden, so nur deswegen, weil die Anleitung von oben so gründlich danebenging. Die Demokratie, die gefordert wurde, beschränkte sich im Verständnis der meisten eben auf die „richtige" Anleitung von oben. Es war der Wunsch, endlich etwas gesagt zu bekommen, das dann in praxi auch wirklich klappte. Und es war der Wunsch, sagen zu dürfen, wenn etwas im Detail nicht funktionierte, und dann auch gehört zu werden. Diese Partei suchte selbst im Sterben noch ihre Götter, die Schöpfer einer heilen Welt.

Die Partei ist somit doppelt gelähmt – an der Spitze und an der Basis. Den Druck der Disziplinierung nehmen, die Fesseln des verordneten Dogmatismus zerschneiden, und dann bricht eine Lawine von Kompetenz und Schöpfermut hervor – eine Illusion, mehr nicht. Eine frühere Fassung besagter Rundfunkmeldung traf die Realitäten besser: Sinngemäß hieß es darin, in den Zeiten der verordneten Einmütigkeit aller „Diskussionen" in der SED hätten die Parteimitglieder das Verständnis für die Positionen des anderen und die wirkliche Fähigkeit zum konstruktiven Meinungsstreit verloren. Um so notwendiger sei jetzt die offene Debatte in der und über die Partei. Doch das war uns damals im November 1989 so noch nicht bewußt.

Nachdem mein Schulfreund Lutz Eichhorn und ich Anfang des Monats die Sache mit der Rundfunk-Meldung eingefädelt hatten, rief er mich zwei Wochen später an. Ich war mittlerweile von der Parteibasis an Stelle des vom ZK eingesetzten Parteisekretärs in direkter Wahl zum Sekretär der SED-Grundorganisation im Rundfunk gemacht und zugleich mit einem Direktmandat zum Sonderparteitag ausgestattet worden. Eichhorn hielt sich am Telefon ziemlich bedeckt. Er lud mich lediglich für den Abend des 30. November 1989 in das Kulturhaus seines Werkes ein. Dort sollte etwas stattfinden, wovon wir schon lange gesprochen hatten.

Damit war klar, worum es ging: Endlich um einen Versuch einer größeren Gruppe, kritische, reformorientierte Kräfte der SED über die Grenzen der Zufälligkeit und Halbherzigkeit hinaus in einer gewissen Breite zusammenzuschließen. Was war inzwischen geschehen? Andreas Thun, der anerkanntermaßen führende Geist der Reformkräfte im Werk für Fernsehelektronik, ein Mann Mitte 30, war bei einem Besuch im Konsultations- und Informationszentrum des ZK auf einen Aspiranten der Akademie für Gesellschaftswissenschaften gestoßen, der seinerseits wieder in Übereinstimmung mit einer Gruppe von Kritikern dort Ausschau nach Gleichgesinnten vor allem in Großbetrieben hielt. Diese Gruppe um Michael Geiger — eigentlich Experten für Dritte-Welt-Probleme — hatte im Sommer ihrer Verzweiflung über die Lage dadurch Herr zu werden gesucht, daß sie einen Entwurf für ein demokratisches Parteistatut ausarbeitete, für ein Statut, das ein derartiges Versagen einer Gesamtpartei wie in diesen Monaten künftig ausschließen sollte. Thun und die SED im WF — sie waren dafür genau die richtigen Partner.

Nachdem diese Verbindung stand, lag es nahe, sich mit den Leuten von der Projektgruppe „Moderner Sozialismus" der Berliner Humboldt-Universität in Verbindung zu setzen. Deren Existenz war ja zumindest unter den intellektuellen Kreisen in der Partei bekannt. Die Kontaktaufnahme wurde dadurch leichter, daß Dieter Segert und seine Freunde ihrerseits an der Humboldt-Universität ein eigenes Konsultations- und Informationszentrum aufgebaut hatten, nachdem ihre warnenden und nach vorn drängenden Studien von Juni/Juli 1989 und von Oktober 1989 sowohl vom Honeckerschen als auch vom Krenzschen Politbüro ignoriert worden waren. Segert hatte über die Einrichtung dieses Zentrums sogar einmal in der Spätausgabe der „Aktuellen Kamera", der Nachrichtensendung des DDR-Fernsehens, berichten können.

In dem so entstandenen Kreis wurde am 28. November 1989 bei einer Beratung im Parteibüro des Werkes für Fernsehelektronik die Idee für die Plattform WF geboren. Für zwei Abende später sollten möglichst viele Parteitagsdelegierte zur Gründungsveranstaltung zusammengerufen werden.

Um das zu bewerkstelligen, bedurfte es über die bisher genutzten Kanäle hinaus einer Erweiterung zu regelrechter Mund-zu-Mund-Propaganda. Dies um so mehr, als der Zugang zu den Medien für derartige Anliegen bis dahin fast überhaupt nicht gegeben war. Ein Angebot meinerseits, eine Bekanntgabe des Termins zumindest zu versuchen, unterließen wir nach einigem Nachdenken: Es sollte den nach wie vor fleißigen Überwachern nicht zu leicht gemacht werden, zudem wollten alle eine Überfremdung durch SED-Mitglieder verhindern, die nicht wenigstens entfernt an den persönlichen Kommunikationssträngen des engeren Kreises hingen. So blieb es also dabei, daß jeder Eingeweihte im Kollegen- und Bekanntenkreis und vor dem Werktor nebenan vertrauenswürdigen Leuten erzählte, was geplant war.

Dennoch war der kleine Saal im WF-Kulturhaus am Abend

des 30. November 1989 völlig überfüllt. Etwa 150 bis 170 SED-Mitglieder waren gekommen, einige von außerhalb. Zum Beispiel aus Leipzig, der Hochburg der Revolution. Der junge Mann von dort erzählte über die Bedrängnis, in die die SED-Mitglieder in der sächsischen Metropole, der „Heldenstadt", gekommen waren, und darüber, wie alle Versuche, sich daraus aus eigener Kraft zu befreien, angesichts der verbohrt-hilflosen Provokationen aus Berlin letztlich scheiterten. Es fehlte an Unterstützung aus dem Vorhof und dem Hinterland der Politbürokratie, machte er uns klar.

Doch das war schon später am Abend, nach etwa ein bis zwei Stunden erregter Diskussion, zu einem Zeitpunkt, als das Unternehmen zum ersten Mal zu scheitern drohte. Begonnen hatte alles mit einer Begrüßung durch Robert Kreibig, den vor kurzem neu gewählten SED-Parteisekretär des Werkes, und einem etwas längeren Auftritt von Dieter Segert. Segert erläuterte, was eine Plattform ist, warum er sie für nötig hielt und was sie in seinen Augen sollte: nämlich den Parteitagsdelegierten die Möglichkeit zur Vorbereitung auf den schicksalhaften Kongreß *anhand konkreter Gegenstände* zu geben: anhand von Entwürfen für ein Parteiprogramm, für ein Parteistatut und für ein Aktionsprogramm, mit dem die Partei wieder zu Initiative kommen und nicht — wie mit dem reichlich zwei Wochen vorher vorgelegten Papier des Zentralkomitees — der Entwicklung hinterherrennen würde.

Zum Thema Plattformen mußte wirklich etwas gesagt werden. Sie zu gründen war ein für eine stalinistische Partei beispielloser Vorgang. Spätestens seit der blutigen Niederschlagung des Kronstädter Matrosenaufstandes 1921 waren Fraktionen und Plattformen für eine „Partei neuen Typus" zum Tabu geworden. Mit dem Gebot der „Einheit und Reinheit der Partei" knebelten alle Parteiführer seit Stalin innerparteiliche Kritiker, hielten sie nieder oder schalteten sie aus — als politischen Faktor oder in ihrer physischen Existenz. Wer sich innerhalb einer solchen Partei mit Gleichgesinnten neben der oder gar gegen die Linie der Führungsclique zusammenfand und dies sogar noch öffentlich tat, der riskierte im wahrsten Sinne des Wortes Kopf und Kragen. Doch das rührte die Anwesenden kaum an.

Segert sprach dann über das von Michael Brie, Rainer Land, ihm selbst und anderen entwickelte Modell eines „dritten Weges" für die DDR, eines dritten Weges jenseits von Stalinismus und Kapitalismus.

„Das steht im neuen SPD-Programm besser und klarer

drin", rief Wernfried Maltusch — neben mir der zweite direkt gewählte Parteitagsdelegierte aus dem Rundfunk, ein Anfang der 70er Jahre wegen seiner Glasnost-ähnlichen Auffassungen gemaßregelter Soziologe — dazwischen. Segert weist das zurück, und zwar entschieden.

Doch die Frage, was die SED mit einem solchen Programm noch von der SPD unterscheidet, verstummt fortan nicht mehr. Auf dem SED-Sonderparteitag wird sein Chef, Dieter Klein, dazu sagen: „Sollte nicht die erste Frage sein, ob die von uns zu bedenkenden Konzepte hier und heute richtig sind? Ist Profilierung gegen andere die Hauptsorge? . . . Es kann . . . nicht Aufgabe an sich sein, originär gegen andere zu sein oder zu scheinen. Wir haben allen Anlaß, alles Realistische und Konstruktive anderer Kräfte und unserer eigenen Geschichte in unsere heutige Konzeption dialektisch aufzunehmen . . . Es geht dabei nicht um eine Vereinnahmung der anderen Kräfte, sondern es geht um die Notwendigkeit einer ganzheitlichen progressiven Gesellschaftskonzeption."

So weit ist es am Gründungsabend der WF-Plattform noch lange nicht. Nachdem Michael Geiger von der Akademie für Gesellschaftswissenschaften noch Grundzüge seines Statut-Entwurfes erläutert hat, bricht eine wilde, ziellose und mehr und mehr zerfahrene Debatte los.

Man will eine neue Partei und macht dies an ihrem möglichen Namen fest. Dabei ist völlig klar: Eine Sozialdemokratische Partei wird es nicht sein. Die Gründe für die meisten liegen aber nicht darin, daß es ja mittlerweile schon eine solche Partei in der DDR gibt. Nein, man sieht sich einfach nicht als Sozialdemokrat. Obwohl viele — auch später — mit dem Dritten Weg, mit dem demokratischen Sozialismus liebäugeln. Die SED-Erziehung hat aber doch tief gewirkt: Sozialdemokraten haben die November-Revolution 1918 verraten, haben die Faschisten nicht ernst genommen, nach 1945 die Einheit der Arbeiterbewegung an den deutschen Spalter Adenauer verraten, die KPD verboten und die amerikanischen Mittelstrecken-Raketen in ihr Land geholt.

Sozialdemokraten wollen die Plattformgründer also nicht sein. Alles andere aber scheint ihnen möglich und führt zu heftigem Streit: Kommunisten finden sich, Sozialisten, Links-Sozialisten, Demokratische Sozialisten, Volkssozialisten, Demokratische Kommunisten, Linke an sich, Ökologische Sozialisten. Insgesamt zähle ich in dieser im Grunde völlig sinnlosen, aber auf ihre Weise symptomatischen Diskussion 17 Varianten für einen neuen Parteinamen und damit für ein mögliches Selbstverständnis der aus der SED hervorgehenden Kraft. Denn es wird nicht nur über die politische oder ideologische Richtung gestritten, in die man marschieren könnte, sondern auch über den organisatorischen Charakter und den Anspruch des zu entwickelnden Konglomerats: Partei oder Bewegung, Massenpartei oder Kaderpartei, Volkspartei oder Bund, Verein oder Verband, zentralisiert oder föderalistisch, basisdemokratisch oder demokratisch-zentralistisch, mit Flügeln oder ohne . . . Wen vertritt dieses Etwas: Die Arbeiterklasse? Die Arbeiter oder die Bauern? Was wird dann mit der Bauernpartei? Vertritt die neue SED alle Werktätigen? Sind das auch die Intellektuellen? Wie noch die Handwerker, Klein- und Mittelständler hineinbekommen? Eine Volkspartei also? Etwa wie die SPD? Wo bleibt der Klassenkampf? Eine Partei aller, die den materiellen Reichtum schaffen, vielleicht? Muß man nicht grundsätzlich herangehen: Klassenpartei oder Partei der nationalen Verantwortung? Wie ist es mit dem Nationalen: eine Partei der DDR oder eine Partei Deutschlands? Sozialistische Einheitspartei Deutschlands?

Mittlerweile ging es auf Mitternacht zu, ohne daß irgendetwas vorangekommen war. Thomas Krause, ein Arbeiter aus dem benachbarten Transformatoren-Werk stand auf, später war auch er Delegierter zum Sonderparteitag. „Das alles interessiert die Arbeiter überhaupt nicht", erklärte er den Anwesenden verärgert. „Wenn ich morgen mit solchen Rändern um die Augen wiederkomme und nicht richtig arbeiten kann, weil ich wegen der Diskussion hier noch verpennt bin, und ich kann dann nichts weiter erzählen als das, was bis jetzt gelaufen ist, dann jagen die mich weg."

Krause holte die Realität in den inzwischen nicht mehr gar so überfüllten Saal: die ausgepowerten Betriebe mit ihrer weitgehend veralteten Technik, dem stockenden Materialzufluß und der scharfen Konkurrenz aus dem Westen, seit die Mauer gefallen war. Das sich zur Gewißheit verdichtende Gefühl, Angst um die Zukunft haben zu müssen. Die Leere, wenn man nach hinten sah. Die bittere Erkenntnis, belogen und um die Früchte der zurückliegenden Arbeit betrogen worden zu sein. Die Befürchtung um den Ausverkauf des Verbliebenen – durch den Wessi, der billig kauft, im kleinen; durch die marktwirtschaftlichen Konzepte der Regierung Modrow/Luft im großen. Der gebieterische Wunsch, es möge jedem schnell besser gehen, so gut, wie in der Ku'damm-Welt. Die verzweifelte Suche nach der Antwort auf die Frage: Wie geht es nun wirtschaftlich weiter? Wie überleben wir? Stehen wir's durch? Können wir die sozialen Standards halten? Was wird aus Krippe, Kindergarten, Hort, Schulspeisung, Baby-Jahr?

Eine Kette ohne Ende. Die Programmatiker hatten niemanden mitgebracht, der etwas mehr von praktischer Wirtschaft verstand. Wieder endlose Grundsatz-Diskussionen. Der „Dritte Weg" – eine ökologische Verzichtsgesellschaft? Wer will das Menschen zumuten, die erst dieser Tage die Konsumgesellschaft entdecken? Aber dennoch: War nicht Mittags hemmungsloser Wachstumskurs neben seiner ökonomischen Willkür eine der Ursachen für die tiefe wirtschaftliche und ökologische Misere der DDR?

Müdigkeit und Ratlosigkeit drohen zu ersticken, worum es eigentlich gehen sollte. Dieter Segert, der wie ein zarter großer Junge wirkende Intellektuelle, fragt, ob man sich denn wenigstens auf die Bildung der Plattform verständigen könne, um die bislang unterdrückte Diskussion dieser Art mit Blick auf den Parteitag weiterführen zu können. Er schlägt eine Erklärung vor, auf die man sich einigen müßte, die in die Öffentlichkeit sollte. Es seien ja auch Journalisten da, vom Rundfunk, von der Berliner Zeitung, vom Neuen Deutschland. Segert verliest einen Text, doch er ist kein mitreißender Volkstribun. Die von dem geistigen Hin und Her erschöpften Anwesenden können sich nicht so recht entschließen. Sie sind nicht dagegen, aber ob das Vorgeschlagene das Richtige ist, wissen sie nicht. Die vorne Sitzenden haben ihren Vorrat an Argumenten aufgebraucht. Auch sie hatten sich manches anders vorgestellt für diesen Abend. Robert Kreibig erinnert noch einmal daran, daß eine Sonderausgabe der SED-Betriebszeitung „WF-Sender" für den Aufruf und den Statut-Entwurf reserviert ist; wenn aber heute abend keine Einigung erzielt wird, dann können auch die zehntausend bestellten Exemplare nicht gedruckt und an andere Grundorganisationen verteilt werden.

Da fragt Horst Hirt vom Rundfunk, ob denn der vorgeschlagene Text ausreichend sei, um vor das Volk zu treten. Er greift noch einmal auf, was Krause vom Transformatoren-Werk zuvor angesprochen hatte: die jammervolle Lage, in die die SED das Volk der DDR gebracht hatte. Der verantwortungslose Eigensinn, mit dem sich die Führung unter immer abenteuerlicheren Manövern an die Macht klammert. Die ganz persönliche Bedrängnis, in die jedes einzelne SED-Mitglied deswegen am Arbeitsplatz, in der Nachbarschaft, im Freundeskreis geriet.

Dann kommen die wohl wichtigsten Minuten meiner wenigen Monate in der aktiven Politik. Die Teilnehmer sind wieder in die wirkliche Welt zurückgekehrt, das macht sie wach. „Genossen", frage ich laut in den Raum und stehe auf, „bei allem Streit, wer wir sind oder sein wollen: Sind wir uns einig, daß die jetzige SED nicht mehr unsere Partei ist?" Kopfnicken bei vielen. „Sind wir uns einig, daß die Partei, so wie sie jetzt geführt wird, eine Gefahr für den Bestand unseres Landes ist?" Ja. „Sind wir uns einig, daß wir uns vor den Menschen im Land zu unserer eigenen Verantwortung bekennen müssen, auch zu Mitschuld?" Ja. „Wollen wir in aller Öffentlichkeit zeigen, daß die SED-Mitglieder auf der Seite des Volkes und nicht der der korrupten Führung stehen?" Ja! „Wollen wir eine neue Partei?" Ja!! „Warum schreiben wird denn das nicht in die Erklärung hinein?"

Es war teils den politischen Emotionen, teils der nach Erlösung dürstenden Erschöpfung geschuldet, daß plötzlich Einigkeit herrschte. „Na, dann mache ich einen neuen Entwurf", sagte ich. Ich hatte vorsorglich meine Schreibmaschine unten im Auto, rannte also hin und holte sie. Was ich nicht hatte, war weißes Papier. Jemand reicht mir ein Blatt mit kleinen Kästchen.

Während die anderen endlich eine Pause haben, die Raucher erleichtert rauchen, sitze ich auf einem viel zu kleinen Stuhl an einem viel zu hohen Tisch in einer Ecke des Vestibüls und schreibe eine halbseitige neue Einleitung zu dem von Segert mitgebrachten Entwurf für den Gründungsaufruf der Plattform WF. Darin ist noch von „Diktatur und Inquisition" seitens der Parteiführung die Rede; ganz pauschal heißt es: „Der jetzigen Parteiführung und dem sie stützenden Apparat entziehen wir unser Vertrauen."

Um beide Passagen gibt es noch Streit, als ich — wieder im Saal — den Text zunächst dem provisorischen Präsidium vorlese. „Diktatur und Inquisition" ist Segert und Geiger zu stark. Es kann wegfallen, die Vorwürfe sind auch so noch deutlich genug. Dann kommt der Knackpunkt: Wie definiert die Plattform grundsätzlich ihr Verhältnis zum Politbüro? Man stößt sich am Vertrauensentzug gegenüber der „jetzigen" Führung. Michael Geiger streicht das „jetzige" durch und schreibt „alte" darüber. Der alten Parteiführung entziehen wir das Vertrauen. „Das ist Quatsch", sage ich. „Der alten Parteiführung brauchen wir das Vertrauen nicht mehr zu entziehen." Doch der Passus stößt weiter auf Widerstand. „Dann mache ich nicht mit", wende ich meinerseits ein. „Wenn wir uns mit diesem Politbüro weiter gemein machen, ist die ganze Aktion für die Katz." Meine Unterschrift war jedoch nicht ohne Bedeutung: Nur vier der Anwesenden waren bislang überhaupt erst als Parteitagsdelegierte gewählt —

Thun, Lacher, Maltusch und ich. Delegierte aber sollten die Plattform hauptsächlich tragen. Maltusch hatte bereits aufgegeben, blieben noch drei. Noch einen weniger – das wollte keiner riskieren. Vor allem aber hätte die mühselig zustandegekommene Einigung wieder zerbrechen können, wenn jetzt erneute Diskussionen im großen Kreis aufgeflammt wären.

„Willst Du denn Leute wie Willerding und Höpcke mit den anderen in einen Topf werfen?" fragt Michael Geiger vorwurfsvoll. „Und Modrow? Wir können doch nicht auch noch die Regierung stürzen. Wir sind hier in Partei-Angelegenheiten." Da gelingt der Kompromiß: „Dann solidarisieren wir uns eben ausdrücklich mit der Regierung, damit ist Modrow aus der Schußlinie", schlage ich vor. So kommt der Nebensatz „. . . die jetzige Regierung stützen wir" in den Text und der Text damit selbst durch. Andreas Thun, Hans-Gert Lacher und ich unterschreiben.

Aufatmen. Wer noch da ist, hat das Gefühl, eine Mauer durchstoßen zu haben. Drüben im Werk wird der Text kopiert. Ich selbst ergattere nur mit Mühe zwei Abzüge, einen für mich und einen für die Nachrichtenredaktion. Das Original ist nicht mehr greifbar.

Wenig später fahre ich ins Funkhaus und lege meinen Kollegen das Papier vor. Sie lesen:

„Mit dem bevorstehenden außerordentlichen Parteitag muß die Parteibasis der SED ihre Partei zurückerobern. Wir haben diesen Sonderparteitag gegen die Führung der Wendepolitiker und gegen den ihnen hörigen Parteiapparat erzwingen müssen, und wir haben es getan. Wir haben ihn erzwungen, weil unsere Partei in ihrer gegenwärtigen Verfasung zu einer Gefahr für unser sozialistisches Heimatland geworden ist.

Bis auf den heutigen Tag ist der massive Volksbetrug die bevorzugte politische Methode. Selbstherrlichkeit, Bereicherung und blinde Ignoranz sowie kompromißloses Beharren auf der Macht haben vieles von dem geschmälert, teils vernichtet, was das Volk der DDR in mehr als vierzig Jahren aufgebaut hat. Wir als Parteibasis haben angesichts dessen stillgehalten und nicht die Notwendigkeit revolutionärer Veränderungen beherzigt. Wir unterwerfen uns nicht mehr blinder Disziplin. Jetzt rühren wir uns. Die derzeitige Parteitagsvorbereitung führt nicht zur moralischen Säuberung und politischen Konsolidierung der Partei.

Der Parteiführung und dem sie stützenden Apparat entziehen wir unser Vertrauen, die jetzige Regierung stützen wir. Die Rettung der Partei liegt in ihrer kompromißlosen Erneuerung, die einer faktischen Neugründung gleichkäme.

Wir rufen die Kräfte in der Partei, besonders Parteitagsdelegierte, auf, sich für dieses Ziel zu sammeln. Als Sammelpunkt stellen wir Überlegungen für einen Sozialismus mit menschlichem Antlitz, einen Entwurf für ein neues Parteistatut und einen Aktionsplan zur Diskussion.

Wir wollen eine Partei, deren Name wirklich zum Programm wird, die sich zur Vereinigung und Einheit der kommunistischen und sozialistischen Strömung der deutschen Arbeiterbewegung in der DDR bekennt. Wir wollen eine Partei des ganzen arbeitenden Volkes, die die Ideale Sozialismus und Humanismus, Arbeit und Wohlstand, Gleichheit und Freiheit, Volksherrschaft und Gemeinwohl, Naturbewahrung und Menschheitsrettung, Solidarität und Internationalismus verficht. Ihr theoretischer Leitfaden ist materialistisches und dialektisches Denken.

Wir wollen eine Partei, die auf dem Boden der Verfassung einer erneuerten DDR im demokratischen Wettstreit und Miteinander für Sozialismus wirkt.

Wir wollen eine Partei, deren Mitglieder Souverän der Partei sind, eine Partei mit Meinungsvielfalt und Einheit der Aktion, Offenheit und Transparenz, Toleranz und Streben nach Konsens.

Wir wollen mit dieser Partei gemeinsam mit anderen politischen Kräften für eine lebenswerte sozialistische deutsche Alternative wirken.

Wir, das sind Arbeiter, Angestellte, Kulturschaffende, Wissenschaftler, Armeeangehörige, Ärzte, Journalisten aus verschiedenen Grundorganisationen des Landes.

Mit diesem Aufruf bildeten wir am 30. 11. 1989 die ‚Plattform WF'.

Am 10. Dezember 1989, 10.00 Uhr, lädt die ‚Plattform WF' alle Parteitagsdelegierten zur gemeinsamen Beratung in die Humboldt-Universität Berlin ein.

Gezeichnet: Andreas Thun, VEB WF
Thomas Falkner, Rundfunk der DDR
Hans-Gert Lacher, Kombinat BVB
(Berliner Verkehrsbetriebe)"

Würden meine Kollegen in den Frühnachrichten über die Plattform WF informieren? Ich war mir ziemlich sicher, obwohl ich ja nunmehr als Parteisekretär keine Weisungsmöglichkeiten hatte — schließlich war ich gerade mit diesem Programmpunkt zur Wahl angetreten: Schluß mit dem Hineinregieren der SED in die redaktionellen Belange.

Meine Sicherheit basierte auf anderen Gründen. Die Entwicklung in der DDR hatte in den letzten Monaten, Wochen und Tagen jeden von uns innerlich aufgewühlt und zugleich bedrückt gemacht. In vielerlei Hinsicht war in den Nächten zwischen dem „Himmlischen Frieden" in Peking Anfang Juni 1989, den Tagen des in seiner Selbstverständlichkeit erschütternden Massenexodus hunderttausender DDR-Bürger im August 1989 und den Stunden der gespenstischen Jubelfeiern zum 40. Jahrestag der DDR in unserem Team das Ende der SED bereits vorweggenommen worden.

Es gab jetzt einfach keine Schlupflöcher mehr vor der Wirklichkeit. Wir hatten durch unsere Arbeit Zugang zu allen wesentlichen Informationsquellen aus Ost und West. Aber mehr noch: Was westliche Agenturen in den Nächten des Massakers von Peking berichteten, konnte nicht einfach, wie gelernt, als üble Nachrede des Klassenfeinds abgetan, als Übertreibung oder Sensationshascherei zu den Akten gelegt werden. Stundenlang telefonierten wir direkt mit dem Korrespondenten des DDR-Rundfunks in Peking. Dieser hielt sich zwar, angesichts der als sicher geltenden Telefonüberwachung von einer oder beiden Seiten, im wesentlichen an die Gebote für ausländische Journalisten und bezog sich auch in den internen Informationen für uns fast nur auf chinesische Quellen und Beobachtungen aus seinem Wohnzimmer- oder Bürofenster, aber dennoch wurde unausweichlich klar: Was westliche Quellen über jenen unbeschreiblichen Brei aus Knochen, Fleisch und Blut junger Chinesen berichteten, den Panzer einer sogenannten Volksarmee unter der eigenen Jugend anrichteten, das stimmte. Der „Klassenfeind" sprach die Wahrheit, die „eigenen" Propagandastrategen aus dem „Großen Haus", dem Gebäude des SED-Zentralkomitees im Zentrum Ostberlins, verurteilten uns zur Lüge. Die von ihrer und auch unserer Idee eines friedlichen Wandels des Realsozialismus hin zu einer lebenswerten, demokratischen und sozial gerechten Gesellschaft besessenen chinesischen Jugendlichen sollten Akteure eines „konterrevolutionären Aufruhrs" sein, gegen die jedes Mittel recht war; der zu Tränen bewegte und dann entmachtete KP-Generalsekretär und Mensch Zhao Ziyang ein Verräter und Versager. Wir hatten in unseren Meldungen die Mörder und nicht die Märtyrer zu bejubeln. Punktum.

Natürlich war der Mechanismus nicht neu, meine Freunde und ich hatten ihn in der relativ moderaten Atmosphäre unserer Hauptabteilung – Chefredakteur Klein wurde später nicht umsonst Generalintendant des DDR-Rundfunks – seit Jahren mit zunehmender Schärfe angeprangert und bekämpft. Doch jetzt war der Punkt erreicht. Hinter uns lagen bereits die Restriktionen des SED-Politbüros gegen die sowjetische Glasnost-Zeitschrift „Sputnik" und der Terror gegen die „Andersdenkenden" um Stephan Krawczyk und Freya Klier, um Vera Wollenberger und Bärbel Bohley. Kein Mensch mit einem politischen Gewissen konnte sich mehr in Selbstbetrug retten. Und in dieser Abteilung des DDR-Rundfunks habe ich über die fünf Jahre, die ich dort arbeitete, niemanden ohne politisches Gewissen gefunden.

Am nächsten Morgen also berichtete der DDR-Rundfunk in allen seinen Programmen ab 4.00 Uhr nahezu halbstündlich ausführlich über die Plattform WF und ihre erste Erklärung.

Als ich nach zwei, drei Stunden Schlaf wieder ins Funkhaus kam, hatte sich die Welt verändert. Der der Nachtschicht folgende Frühdienst hatte einen Kollegen für Telefonate abstellen müssen, um die pausenlos aus allen Teilen der DDR, vor allem aber aus den Hochburgen der Revolution im Süden eingehenden Anfragen, Meinungsäußerungen und Stellungnahmen entgegenzunehmen oder zu beantworten. In den SED-Büros des Werkes für Fernsehelektronik und in der Humboldt-Universität sah es nicht anders aus. In dem Schöneweider Großbetrieb stapelten sich seitenlange Fernschreiben, in denen andere Parteiorganisationen ihre Papiere zur Lage vorstellten, weiterführende Überlegungen entwickelten, Formen der Zusammenarbeit vorschlugen . . .

Die Parteibasis hatte das Heft des Handelns in die Hand genommen, so schien mir an diesem Morgen, und sie hatte es über die Plattform WF getan. Dabei zeigte das Echo aus allen Bezirken, daß es ähnliche Anläufe teils schon einige Zeit vor uns gegeben hatte.

Aber: Die Plattform WF agierte in Berlin, im Nervenzentrum des zentralistischen Systems. Und das war wichtig: Die Politbürokratie konnte sich nicht mehr einigeln, der Stachel saß im Fleisch selbst. Wie die französischen Revolutionen stets in Paris gemacht wurden, so konnte die DDR-Revolution nicht ohne Ostberlin siegen. Sicher, die Entscheidungen des Herbstes 1989 und Winters 1990 sind auf den Straßen von Leipzig, Dresden, Chemnitz, Plauen und anderer Städte gefallen. Aber ihrer Niederlage bewußt geworden sind sich die Herrschenden der SED-Diktatur auf den Plätzen von Berlin.

Nun hatte der Kampf um die Macht in der Partei begonnen. Die Gegenseite reagierte prompt. In meinem Parteibüro im Rundfunk läutete an diesem 1. Dezember 1989 gegen 11.00 Uhr das Telefon. Meine Sekretärin verband mich mit Heinz Albrecht, dem damaligen 1. Sekretär der SED-Bezirksleitung Berlin, dem Nachfolger von Politbüro-Mitglied Günter Schabowski. Mit aufgeregter Stimme und mit seiner so gar nicht nach Berlin passenden sächsischen Sprache redete er auf mich ein und überschüttete mich mit Vorwürfen. Zwar vermied er Hinweise auf das geltende Parteistatut, forderte aber Loyalität gegenüber Krenz ein. Die berühmten hundert Tage Schonfrist, über die sich vorher noch nie ein DDR-Führer im eigenen Land hatte sorgen müssen. Er brauche doch eine Chance, der Krenz. Aber Schlimmeres gebe es noch in der Rundfunkmeldung über die Plattform, klagte Albrecht: Der Vertrauensentzug gegenüber dem Parteiapparat. Dies lähme die Partei. Und dann kam Albrecht mit seinem Hauptvorwurf: Wir hätten mit der Plattform WF die für Sonnabend angesetzten Kreisdelegierten-Konferenzen manipuliert, die die Delegierten zum SED-Sonderparteitag wählen sollten. Welche Chancen hätte denn ein Mann wie er noch, wenn ihm als Vertreter des das Politbüro stützenden Apparates nun öffentlich das Vertrauen entzogen werde?

Das eher zum Monolog als zum Dialog tendierende Gespräch blieb fruchtlos. Meine Position war unerschütterlich, er war zu ratlos. Wir vereinbarten für den Nachmittag ein Krisentreffen auf neutralem Boden: In den Räumen der SED-Kreisleitung Humboldt-Universität im Hauptgebäude Unter den Linden sollten die Initiatoren der Plattform und der Vertreter des angeschlagenen Zentralkomitees zusammenkommen.

Ich fuhr mit einem guten Gefühl in die Stadt. Ganze Bezirksorganisationen begannen, sich uns anzuschließen. Kurz vor meiner Abfahrt hatte der neugewählte junge Hallenser Bezirkschef Roland Claus mitgeteilt, daß er mit seinen Genossen hinter uns steht. In Leipzig beriet die Bezirksleitung noch, doch der neue 1. Sekretär Roland Wötzel, einer der Unterzeichner des berühmten Leipziger Appells für friedliche Demonstrationen und gegen den Einsatz staatlicher Gewalt, hatte sich am Telefon zustimmend geäußert. Anderswo liefen die Vorbereitungen.

Der „Krisengipfel" Unter den Linden begann damit, daß wir alle noch einmal unsere Absichten darlegten. Das Gespräch konzentrierte sich alsbald auf die Vorbereitung des in 14 Tagen bevorstehenden Sonderparteitages. An der Wahl eines gänzlich neuen Zentralkomitees bestand schon kein Zweifel mehr. Wer aber sollte in dieses Gremium gewählt werden? Wen kannten die Delegierten gut genug? Parteioffiziell war bislang alles verhindert worden, was sachkundige und politisch talentierte neue

Leute aus der SED, die in ihrem Umfeld Vertrauen genossen, bekanntgemacht hätte. Und weiter: Eine neue Führung, so sagten wir, ist nur glaubwürdig mit einem neuen Programm. Weg vom „real existierenden Sozialismus". Die Delegierten müßten Entwürfe kennen, vorab durchdenken und diskutieren können. Vorschläge gab es, aber nichts durfte veröffentlicht werden. Und schließlich: Eine erneuerte Partei könnte sich selbst nicht mehr die alten Regeln des Umgangs miteinander und der gegenseitigen Bestrafung auferlegen. Es bedurfte eines neuen, eines demokratischen Parteistatuts. Auch darauf hätten sich die Delegierten vorbereiten müssen – auch hier Tabus der Führung. Kein Entwurf stand zur Diskussion. Das Politbüro meinte offensichtlich, die Herabsetzung der sehr hohen monatlichen Beiträge sei genug an Entgegenkommen in der Statutenfrage.

Albrecht konnte sich der Logik nicht entziehen, daß wir angesichts dessen die Vorbereitung des Parteitages in die eigene Hand nehmen mußten. Schließlich wurde er nervös, die Zeit drängte bereits. „Was sollen wird denn nun machen?" fragte er unvermittelt. Da wurde er wieder hinausgerufen; schon mehrmals im Verlauf der letzten Stunden hatte man ihm per Telefon Mitteilung über die sich zuspitzende Lage gemacht. Die jetzige Nachricht schien wie auf Bestellung zu kommen. „Da habt ihr's", sagte er noch in der Tür. Die SED-Kreisleitung des Berliner Stadtbezirks Prenzlauer Berg hatte soeben unter Bezug auf die Plattform WF öffentlich den Rücktritt des Zentralkomitees gefordert.

So weit waren wir bewußt nicht gegangen. Ich hätte mit einem noch vierzehn Tage provisorisch die Geschäfte führenden ZK durchaus leben können, wenn vor aller Öffentlichkeit das Verhältnis zwischen Parteibasis und dieser Führung klar lag und wenn wir für die Plattform WF und ähnliche Gruppen alle Freiräume zu einer parallelen Vorbereitung des Sonderparteitages mit interessierten Delegierten einschließlich des Zugangs zu allen Medien gehabt hätten. Die anderen dachten ähnlich. Vor allem wollten wir nicht, daß unsere Beratungen mit Delegierten zu den für die SED typischen Pflichtveranstaltungen verkamen. Heinz Albrecht hatte im Gespräch die Möglichkeit angedeutet, zu unserem für den 10. Dezember geplanten Termin alle Berliner Delegierten zu schicken. Dies hätte aber die Gefahr heraufbeschworen, daß Konservative sich als Wortführer aufspielten oder daß sogar konservative Mehrheiten zustandekämen. Ich persönlich will nicht verhehlen, daß für mich die Arbeit der Plattform WF die Grundlagen auch für eine Abspaltung des Reformflügels der SED legen sollte, falls diese neue Partei ein wirkliches Gegengewicht gegen den konservativen Block in der SED hätte bilden können. Dies aber damals auszusprechen, war gefährlich und hätte politische Isolation bedeuten können.

Unabhänigig davon blieb natürlich ein wichtiges Problem: Wir brauchten einfach noch Zeit – Zeit, um uns über die programmatischen und statuarischen Grundlagen der von uns angestrebten Partei breiter zu verständigen, Zeit für das angekündigte eigene Aktionsprogramm, Zeit für das Kennenlernen möglicher neuer Führungspersonen unter uns und unseren Sympathisanten.

Doch nicht alles paßte in den Krisengipfel. So sagte ich nur, warum ich den Rücktritt des ZK insgesamt im Moment nicht für sinnvoll hielt, und schlug vor, Vertreter der Basis-Initiativen in eine zu schaffende Arbeitsgruppe für die Parteitagsvorbereitung einzubeziehen. Albrecht beharrte allerdings auf dem sofortigen totalen Rücktritt und erzählte bei dieser Gelegenheit, daß für das Wochenende ohnehin schon ein außerordentliches Plenum einberufen worden sei. Aber was soll es beschließen?, fragte er nochmals.

Wir überlegten und standen dabei sehr unter dem Eindruck der für uns positiv klingenden Nachrichten aus den Bezirken. „Sollen doch die ersten Sekretäre der Bezirksleitungen die Geschäfte führen", schlug einer vor. Albrecht hielt die Idee fest. Die Sache mit den Vertretern der Parteibasis kam auch noch einmal zur Sprache, jedoch hielten wir selbst uns alle für zu bescheiden, als daß wir unsere eigene Beteiligung gefordert hätten. Möglicherweise ein Fehler.

Nach einigem Hin und Her fragte Albrecht noch einmal, ob wir bei der Idee einer geschäftsführenden Leitung der Partei aus den SED-Bezirkssekretären und Basis-Vertretern bleiben wollten. Wir stimmten zu. Albrecht war schon im Gehen. Er müsse sich beeilen, die Genossen erwarteten ihn im Zentralkomitee, erklärte er. Und verschwand. Vorher hatten wir einstweilen Stillschweigen vereinbart.

Am nächsten Tag war von unserer Beratung nichts zu spüren. Während Günter Schabowski noch am Abend gegenüber Radio DDR versucht hatte, die Plattform WF als Bewegung zur Unterstützung der ZK-Linie zur „Erneuerung" der Gesellschaft zu vereinnahmen, hatte Generalsekretär Krenz in der Nacht ein Fernschreiben an alle Kreisleitungen verfaßt. Es wurde weisungsgemäß den am Morgen zusammentretenden Delegiertenkonferenzen verlesen. Krenz gestand zwar Mängel bei der Vorbereitung des Parteitages ein, wies aber die Anschuldigungen gegen die Führung Insgesamt und gegen ihre Politik zurück. Mit harten Worten warnte er vor Spaltern, beschwor die berüchtigte „Einheit und Reinheit" der Partei – eine versteckte Androhung irgendwelcher Maßnahmen gegen uns und Anhänger der Plattform.

Ungeachtet dessen rief die Kreisdelegiertenkonferenz Prenzlauer Berg für den frühen Abend zu einer Demonstration vor dem ZK-Gebäude auf, um den Druck auf Rücktritt zu verstärken. Ein Vertreter unserer Plattform wurde eingeladen, dort zu reden. Wir schickten Andreas Thun.

Als der Tag sich neigt, wird immer deutlicher, daß Zentralkomitee, Politbüro und Generalsekretär Krenz nicht mehr zu halten sind. Die Kreisdelegiertenkonferenzen solidarisieren sich mit der Plattform WF, kaum irgendwo folgt man Krenz und verurteilt sie. Dennoch wird Krenz in seinem Heimatkreis Ribnitz-Damgarten zum bevorstehenden Parteitag delegiert. Aber es bleibt bestehen: Rücktrittsforderungen überall, Tausende von Demonstranten auf den Straßen.

In diese Situation platzen weitere Enthüllungen des Untersuchungsausschusses der Volkskammer über Machtmißbrauch, Korruption und Devisenmanipulation von SED-Funktionären. Die Abgeordneten sind erregt, das Volk auch. Da der nächste Schock: Nach einer Anzeige der Bürgerbewegung Neues Forum wird im Bezirk Rostock die „IMES GmbH" als geheime Waffenfirma enttarnt. Unterstellt war das Unternehmen dem Staatssekretär Schalck-Golodkowski, der noch vor wenigen Tagen zum SED-Sonderparteitag gewählt werden wollte und als möglicher künftiger Wirtschaftssekretär der Partei gehandelt worden war. Jetzt ist er flüchtig.

Der Kessel droht zu platzen. Die neugewählte SED-Kreisleitung der Akademie der Wissenschaften der DDR ruft für Sonntag zu einer erneuten Demonstration der Parteibasis vor dem ZK-Gebäude auf. Man werde so lange wiederkommen, bis Krenz und Co. gegangen sind, erklären sie. Und sie berufen sich auf den Namen Plattform WF. Erst dann werden Leute ausgeschickt, um uns – die Initiatoren – zusammenzutrommeln.

Mich erwischt einer von ihnen, Michail Nelken, inzwischen auch Parteitags-Delegierter, dabei, wie ich meinem Nachbarn zusehe, der gerade mein Auto repariert. Eine Stunde später bin ich in den Parteibüros der Akademie, nicht weit vom ZK entfernt. Die Kreisleitung war am Vortag fast gänzlich ausgewechselt worden, heute sind nur junge, sehr engagierte Leute zugange. Alle neu. Niemand kennt sich mit den großen Telefonanlagen und den vielen Knöpfen aus. Einige kleinere Apparate hat man in Gang gesetzt und wundert sich, wo manche Gespräche landen. Einer gerät beim Wählen irrtümlich an das interne Netz der Partei- und Regierungsdienststellen und schreckt einen geheimen Beamten auf. Verstört sind beide Seiten.

Nach mehreren Anläufen komme ich zur Nachrichtenredaktion des Rundfunks durch. Die Kollegen dort haben seit dem Wechsel von Früh- zur Spätschicht aufgehört, den Aufruf zur Demonstration zu vermelden. Doch wir brauchen Öffentlichkeit. Der Aufruf selbst war ein Abenteuer; wer kann schon an einem Sonntag binnen weniger Stunden eine Kundgebung zusammenbringen, zumal erst am Abend vorher eine zum selben Thema stattgefunden hatte. Erschwerend kam hinzu, daß die Bürgerbewegungen für denselben Tag zu einer Menschenkette quer durch die DDR aufgerufen hatten. Auch unsere Klientel war dort und nicht zu Hause am Radio zu erwarten.

Was ich am Telefon von meinen Kollegen erfahre, stellt dies jedoch alles in den Schatten. Im Rundfunk hatten die Vertreter der Berliner Künstler angerufen, die die große Demonstration vom 4. November ausgerichtet hatten, und die jetzt mit Hunderten oder Tausenden Gleichgesinnten im Friedrichstadt-Palast zusammensaßen. Die Nachrichten der letzten Tage hatten sie zu der Einschätzung geführt, daß die SED eine nicht verfassungskonforme Kraft war; das zähe Festhalten an der Macht veranlaßte sie, ihrerseits eine Demonstration zum ZK zu verkünden. Die Teilnehmer würden dann das Gebäude stürmen und besetzen, kündigten die Sprecher an.

Wir gingen die vielleicht 500 Meter bis zum ZK-Gebäude, Michail Nelken, Jörn Schüttrumpf, einige wenige andere von der Akademie und ich. Der Platz war noch völlig leer, selbst die von den Grenztruppen zugesagte und dringend erwartete Beschallungstechnik fehlte. Nicht lange darauf kam der Zug der Künstler hinter dem schräg gegenüberliegenden Gebäude des DDR-Außenministeriums hervor. Geordnet und schweigend, in einem festen Block, zogen die Demonstranten mit zahlreichen Spruchbändern und Transparenten auf uns zu. Wir, eine Handvoll Leute, standen ihnen auf den Stufen, die zum Eingang des Großen Hauses führten, gegenüber.

Die erste Reihe des Zuges blieb am Fuß der drei oder vier Stufen stehen. Die Männer und Frauen — das war unübersehbar — kochten vor Zorn und schienen zu allem entschlossen. Sie sahen sich durch uns um ihre Aktion betrogen.

Jörn Schüttrumpf, ein untersetzter Mann jüngeren Alters mit Vollbart und Brille, sagte: „Das wird hier unsere Demonstration. Wir haben auch die Technik bestellt. Das müssen *wir* mit denen da drin ausmachen. Das ist unsere Sache." Allerdings war noch niemand auf dem Platz, der offenbar unserer Aufforderung gefolgt war. Unsere Kundgebung – das waren bislang wir paar Leute.

Schüttrumpf verhandelte eine Weile weiter. Allmählich wurde klar, daß wir zwar keinen Sturm auf das ZK-Gebäude wollten, aber auch keine Beschützer des Zentralkomitees waren. Von der Akademie kamen unsere Leute und Redner; der Platz füllte sich weiter mit Demonstranten, die offenbar unseren Aufruf gehört hatten; Fernseh-Teams und Fotografen rückten an. Auf dem Treppen-Absatz entstand großes Gedränge, erste Reden wurden gehalten. Per Megaphon, die Lautsprecherwagen waren noch immer nicht da.

Gleich in der zweiten Reihe stand ich und hielt mein Taschenradio ans Ohr. Rundfunk-Kollegen hatten mir über die Köpfe hinweg zugerufen, an einem der Seiteneingänge wolle Günter Schabowski über den Verlauf der ZK-Tagung informieren. Es war klar, daß alle Welt nur noch auf eine Mitteilung wartete. Und dann kam sie in den Nachrichten: Rücktritt der gesamten SED-Führungsgremien. Ich rufe es dem gerade Sprechenden zu, er unterbricht. Die Menge jubelt. Wenige Minuten später drängt sich Schabowski aus dem Gebäude und ans Megaphon. Er weiß nicht, daß alle schon im Bilde sind. Umständlich beginnt er seinen Text: Das Zentralkomitee habe auf seiner letzten Tagung zwölf seiner Mitglieder aus der Partei ausgeschlossen, darunter den früheren Partei- und Staatschef Erich Honecker, Ex-Regierungschef Willi Stoph, den ehemaligen Volkskammerpräsidenten Horst Sindermann und den mit Stoph zurückgetretenen Stasi-Minister Erich Mielke. Ständig wird Schabowski durch Pfiffe unterbrochen.

Schließlich gibt er verärgert auf. Zentralkomitee, Politbüro und Generalsekretär sind zurückgetreten, gibt er noch – schon halb im Gehen – bekannt. Bis zum Sonderparteitag gingen die Geschäfte an einen Arbeitsausschuß über, der sich zur Zeit konstituiere und demnächst von sich hören lasse. Diese Information bekommt schon kaum noch jemand mit. Schabowski, der Populist, tritt geschlagen ab. Der noch vor kurzem so selbstbewußte und redegewandte Mann sucht sich mit gesenktem Kopf einen Weg durch das Gedränge. Von der Seite sehe ich gerade noch sein aschfahles Gesicht.

Die Chance

Stalinistische Parteien haben das Problem der personellen Besetzung ihrer Führungsgremien nie in den Griff bekommen. Wechsel von einem Parteichef zu einem anderen hatten stets den unangenehmen Beigeschmack eines Putsches, waren Palastrevolten mit Intrigen und Erpressungen, niemals offene Auseinandersetzungen um Probleme und Konzepte. Sie waren widerwärtig wegen der nie vermeidbaren Verteufelung des jeweiligen Amtsvorgängers.

Neue Besetzungen von Spitzenämtern wurden jedoch stets ausgehandelt und bewerkstelligt von Teilen der alten Hierarchie, von Interessengruppen in Politbüro, Zentralkomitee und Partei-Apparat. War also schon die Erbfolge nicht geklärt, so funktionierte dafür doch eine Art versteckter Kronrat, eine Art Adelsversammlung, die den neuen Thron-Prätendenten kürte und präsentierte.

Als aber die SED am Ende war, funktionierte nicht einmal mehr das uneingeschränkt. Es ging nicht mehr nur um den Austausch des Spitzenmannes, der Kronrat selbst stand mit offener Brust vor seinen Anklägern.

Noch dazu befand er sich selbst in Auflösung. Die Vorbereitung eines neuen Leitungsgremiums anstelle des gescheiterten Zentralkomitees und seines Politbüros war offenbar im Hause des Zentralkomitees auf einen ganz kleinen Kreis von Leuten beschränkt, sie ging auch an Mitarbeitern vorbei, die bislang — wie Werner Hübner — maßgeblich in alle Veränderungen einbezogen worden waren. Zwar hatten die Querelen zwischen den einzelnen Politbüro-Mitgliedern um ihre freiwilligen Rücktritte schon gezeigt, daß alle abtreten mußten — aber das war, wie sich Werner Hübner erinnert, auch zu dieser Zeit nicht mehr als eine Stimmung. Konkrete Vorbereitungen wurden ihm nicht bekannt. Zudem zählte zu dieser „Stimmung" auch, daß einige wenige Leute bleiben sollten, die zuvor etwas bewegt hatten — also etwa Wolfgang Herger, den man sich als eine Art Geschäftsführer vorstellte. Herger fiel dann aber der öffentlichen Stimmung gegen SED und Sicherheitsorgane zum Opfer, die in ihm die Personifizierung der fortgesetzten Stasi-Diktatur erblickte.

Der spätere Parteivorsitzende Gregor Gysi
über seinen Weg an die Spitze:
Am 3. Dezember 1989 saß ich auf der Kreisdelegiertenkonferenz der SED im Berliner Stadtbezirk Mitte. Dort sollten im wesentlichen die Parteitagsdelegierten gewählt werden, die nicht
von großen Grundorganisationen direkt bestimmt worden waren. Ich kandidierte auch. Plötzlich erreichte mich ein Zettel.
Darauf stand, ich sollte ins Haus des Zentralkomitees kommen.
Dort saßen ein paar Leute, Hans Modrow zum Beispiel und
Wolfgang Berghofer, der Dresdener Oberbürgermeister. Sie erzählten mir, daß es kein ZK und kein Politbüro mehr gibt und
daß sie jetzt einen Arbeitsausschuß, eine Art provisorische Leitung bildeten. Und sie fragten mich, ob ich mitmachen wolle.
Man brauchte noch einen Vorsitzenden für die Kommission, die
Amtsmißbrauch und Korruption unter der alten Führung auf-
klärt. Nach einigem Staunen ließ ich mich überzeugen. Schließlich hatte ich selbst erst einen Tag vorher auf einer Demonstration vor dem Haus, in dem ich mich jetzt befand, den Abgang
von Krenz und Konsorten verlangt. Irgendwie mußte ich mir
meine Situation wohl selbst zuschreiben, dachte ich. Aber
warum eigentlich?

Für meinen Weg in die aktive Politik hat im Herbst sicherlich eine Rolle gespielt, daß ich die Vertretung des Neuen Forums übernommen hatte und den Ruf genoß, ein Anwalt zu sein,
der es dem Staat nicht unbedingt leicht machte. Ich wurde ins
Deutsche Theater eingeladen, als es dort in einer Matinee um
die massiven Übergriffe der Polizei und der Sicherheitsorgane
gegen die Demonstranten vom 7. Oktober ging. Dort saß ich als
Anwalt und habe alle Fragen dazu beantwortet.

Die bekanntesten Schauspieler des Theaters waren allesamt
auf der Seite des Neuen Forums. Manche hatten schon länger
Verbindungen zu anderen Oppositionsgruppen. Von mir wollten
sie nach der Matinee wissen, wie es rechtlich und politisch um
eine große Kundgebung oder eine Demonstration bestellt sei.
Ich würde sie einfach mal anmelden gehen, erwiderte ich, mal
den legalen Weg testen. Ich war der Meinung, die Staatsorgane
und auch die Parteiführung trauten sich gar nicht mehr, so etwas
abzulehnen. Es gab deshalb meines Erachtens eine Chance, die
Demonstration legal durchzuführen. Was dann auch erfolgreich
ausprobiert wurde.

Später rief mich Johanna Schall an und sagte, die Veranstal-
ter – das war die Gewerkschaftsgruppe des Deutschen Theaters
– wollten nun auch, daß ich auf der Demonstration spreche,

wenn ich schon einen solchen Anteil am Zustandekommen hätte. Das habe ich dann auch gemacht.

Aus heutiger Sicht hielt ich eine widersprüchliche Rede. Einerseits verlangte ich klar und deutlich die Zulassung des Neuen Forums. Das war nämlich immer noch nicht passiert. Ich verlangte deutlich mehr Demokratie, Rechtsstaatlichkeit, Beendigung des Abhörens von Telefongesprächen u. a. Andererseits war ich am 4. November noch der Meinung, man müsse Egon Krenz eine Chance geben, zumal meine Informationen besagten, daß er die Gewaltanwendung in Leipzig verhindert hätte. Heute habe ich Zweifel, ob das stimmt. Aber damals hatte ich ihm das angerechnet. Am 2. Dezember − das muß ich zu meiner Entschuldigung sagen − war ich dann allerdings auch derjenige, der später massiv und deutlich seinen Rücktritt und den des Politbüros und des Zentralkomitees vor dem ZK-Gebäude gefordert hat, als ich merkte, daß er und seine Leute nicht fähig waren, die Erneuerung auch nur halbwegs personell, geschweige denn inhaltlich durchzusetzen.

Am Montag nach der November-Demonstration ließ die Regierung − damals noch unter Ministerpräsident Stoph − ihren Reisegesetz-Entwurf in den Zeitungen veröffentlichen. Das war ein typisches Dokument der Krenzschen sogenannten Wende. Zum einen wurden großsprecherisch Rechte verkündet: Den Bürgern der DDR, sofern sie das 14. Lebensjahr vollendet hatten, wurde zugebilligt, in das Ausland zu reisen. Sie sollten zugleich das Recht erhalten, jederzeit wieder einzureisen − ein in Anbetracht der Vorgehensweise etwa bei der Ausbürgerung Wolf Biermanns wichtiger Passus. Biermann hatte man nämlich einfach die Heimreise von einer West-Tournee verweigert. Stefan Heym hatte daraufhin für einige Zeit von West-Reisen mit dem Spruch Abstand genommen, er befürchte, „das Ausbürgern könnte sich einbürgern". Schließlich gestand die Regierung den Bürgern das Recht zu, einen Reisepaß der DDR zu erwerben.

So weit, so gut. Doch diese Grundsätze wurden sofort wieder eingeschränkt. Die Rechte hätte man nämlich nicht ohne weiteres wahrnehmen können. Nach dem Entwurf brauchte man dafür wieder erst eine Genehmigung der DDR-Behörden im Reisepaß. Diese Genehmigungen sollten wahlweise für eine oder mehrere Reisen, für einen oder mehrere Staaten erteilt werden. Und sie sollten befristet sein.

Das klang fatal nach der alten willkürlichen Praxis und brachte die Bevölkerung prompt noch mehr gegen SED und Staat auf. Auch wir Rechtsanwälte waren verärgert, denn unsere

Vorstellunngen waren zugunsten dieses Flops völlig unbeachtet geblieben. Entsprechend deutlich äußerte ich mich auch unmittelbar darauf in einer Fernsehdiskussion. Als mich der Moderator dort fragte, ob ich nicht Justizminister werden wolle, wies ich das als damals für mich geradezu lächerlich zurück. Ich und die Politik? Das konnte ich mir zu diesem Zeitpunkt noch nicht vorstellen.

Der politische Verfall der DDR schritt rasend voran. Nur einen Tag nach Veröffentlichung des Reisegesetz-Entwurfes trat die Regierung Stoph zurück, noch einen Tag später das erste Krenzsche Politbüro. Und wieder einen Tag weiter fällt die Mauer.

Zu dieser Zeit begannen auch die Demonstrationen vor dem ZK. Zweimal war ich dabei. Das eine Mal – am 2. Dezember – wurde ich aufgefordert, zu sprechen. Das war die Rede, in der ich forderte, Politbüro und Zentralkomitee sollten zurücktreten. Sie hatten immerhin ihre Chance gehabt, sagte ich dazu. Ich war ja dafür, ihnen die eine Chance zu lassen – aber sie hatten diese Chance nicht genutzt und jetzt müßte Schluß sein.

Und dann machten die das auch noch und traten zurück! Ich stand nun in diesem Arbeitsausschuß, der sich aus den ersten Bezirkssekretären, die zugleich Parteitagsdelegierte waren, und einigen anderen gebildet hatte. Aber wie kamen die Mitglieder des Ausschusses ihrerseits in ihre Ämter?

Soweit mir die Vorgeschichte erzählt worden ist, kam das so zustande: Das Zentralkomitee war wegen der Rücktrittsforderungen aus der Partei selbst zu einer Sitzung zusammengerufen worden, die wohl eigentlich recht schnell gehen sollte. Man wollte wieder nicht mehr als einen Rücktritt des Politbüros und die Bestellung eines neuen, anders besetzten. Das verhinderten die 1. Sekretäre der Bezirksleitungen – sie waren alle neu im Amt. Und sie waren nicht mehr bereit, sich diese Politik bieten zu lassen, und drohten damit, geschlossen ihre Funktionen niederzulegen, wenn das ZK nicht zurücktritt. Es war also schon eine Art Nötigung, bis das Zentralkomitee endlich aufgab. Dann entschieden die Bezirkssekretäre unter sich, daß nur diejenigen von ihnen in den Arbeitsausschuß durften, die selbst ein Mandat für den Parteitag erhalten hatten. Schließlich stießen noch einige Genossen hinzu, die sich bereits einen Namen als Erneuerer gemacht hatten, die über Ansehen im Land verfügten.

Ich selbst mußte nach diesem ersten Gespräch im Großen Haus noch einmal zur Kreisdelegierten-Konferenz, weil ich mich um mein Parteitagsmandat bemühen wollte.

Wieder zurück ins ZK-Gebäude. Als wir uns im wesentlichen einig waren, sollte noch jemand vor das Haus treten und zu den Demonstranten sprechen. Heinz Albrecht hatte das bereits einige Stunden davor getan. Sollte jetzt Herbert Kroker, der Erfurter Bezirkssekretär, der inzwischen zum Vorsitzenden des Arbeitsausschusses gewählt worden war, gehen? Wir kamen dann darauf, daß ich ja am Vortag als einer der Demonstranten geredet hatte und nun selbst zum Ausschuß gehörte. Das schien eine günstige Ausgangsposition zu sein. Also wurde ich vors Haus geschickt. Die anderen guckten aus dem Fenster zu, wie ich unten mit den Demonstranten sprach . . .

Ja, und dann konnte ich mir überlegen, was ich mit meinem Untersuchungsausschuß in Sachen Amtsmißbrauch und Korruption anstelle, der zu diesem Zeitpunkt lediglich aus mir bestand. Das war alles.

Erst einmal ordnete ich die Versiegelung aller Politbüro-Zimmer und der Panzerschränke an. Ich griff mir den Büro-Chef des Politbüros, Edwin Schwerdtner, und brachte mit ihm zusammen die Siegel an. Dann legte ich fest, daß ab nächsten Morgen nichts mehr aus dem Haus herausgenommen werden darf. Das hieß: Taschenkontrolle und Fahrzeugkontrolle. Diese Maßnahme brachte natürlich den Apparat weitgehend gegen mich auf, denn so etwas waren die Mitarbeiter des Großen Hauses nicht gewöhnt. Sie empfanden es als demütigend, was ich ja verstehen kann. Aber letztlich hat diese Konsequenz eben bewirkt, daß das Haus nie besetzt worden ist. Man wußte auch draußen, daß ich die Kontrollen ziemlich hart durchsetzte. Das konnte man zudem leicht feststellen.

Psychologisch war der Vorgang mehr als interessant; eine Studie über die normative Kraft des Faktischen. Im Grunde genommen hatte ich für all diese Maßnahmen gar keine Legitimation. Ich war nicht gewählt, von keinem demokratisch legitimierten Gremium berufen. Aber es funktionierte; alle richteten sich nach dem, was ich angewiesen hatte. Mein entscheidendes Erlebnis in dieser Hinsicht war, daß am nächsten Morgen bei mir immerhin drei oder vier Politbüro-Mitglieder an die Tür klopften und fragten, ob sie in ihre Zimmer gehen und ihre persönlichen Sachen abholen dürften — natürlich nur in meinem Beisein. Was mich daran so schockiert hat, war, daß nicht einer fragte: „Sagen Sie mal, was fällt Ihnen überhaupt ein? Wer sind Sie überhaupt? Wie kommen Sie dazu, mein Zimmer zu versiegeln?" Nein, auch die Politbüro-Mitglieder haben das sofort respektiert. Ein merkwürdiges Verhalten.

Nur Krenz reagierte ausgesprochen sauer. Der war ja noch Staatsratsvorsitzender und flog mit nach Moskau zum Warschauer-Pakt-Gipfel, wo Gorbatschow die gekrönten Häupter über sein Treffen mit George Bush vor Malta informieren wollte. Krenz hatte sich für diese Reise einfach bei Hans Modrow mit hineingemogelt, denn der sollte sowohl die Regierung als auch den Arbeitsausschuß vertreten. So hatten wir das am Sonntag festgelegt. Krenz sollte nicht dabeisein.

Am nächsten Morgen jedenfalls rief mich Krenz zu Hause an und sagte, daß er bislang glaubte, ich sei ein anständiger Kerl. Nun aber sei er davon überzeugt, daß ich das überhaupt nicht bin. Er habe gehört, sein Zimmer sei versiegelt, aber schließlich sei er noch immer Staatsoberhaupt. Da habe ich ihm erwidert: „Wieso, Du hast doch Dein Zimmer im Staatsrat. Das ging doch hier um das Zimmer im Parteigebäude". – „Ja", antwortete Krenz, „ich habe aber alle Arbeitsmaterialien gerade dort und nicht im Staatsrat." Ich bot ihm an, er könne ruhig kommen und seine Sachen abholen. Wir würden schon darauf achten, daß er nichts Falsches mitnimmt. Es gab mit Krenz also eine gewisse Zuspitzung, aber im Grunde genommen eher harmlos.

Für mich existierte eine viel schwierigere Frage: Wie leiste ich jetzt die Arbeit als Untersuchungskommission? Wen ziehe ich hinzu? Ich kannte doch niemanden in dem Apparat! Ich konnte doch auch nicht jedem trauen. Dabei meldeten sich viele und waren beleidigt, weil ich sie nicht einbezog. Ich kannte ihre Biografie nicht, wußte nicht, was sie vorher getan hatten.

Das ganze ging ja auch nur ein paar Tage, bis zum Sonderparteitag. Aber da verlangten die Delegierten schon Rechenschaft. Wie sollte ich die nun geben? Glücklicherweise hatte sich eine kleine Gruppe Oppositioneller im Apparat selbst gebildet, die ihrerseits bereits Untersuchungen angestellt hatte. Nur so verfügte ich über erstes Material. Das führte übrigens dazu, daß schon an dem 4. Dezember der Leiter der Abteilung Finanzen inhaftiert worden ist. Das hatte wiederum Nachteile, denn der war nun nicht mehr gut auf mich zu sprechen und beendete jegliche Auskünfte uns gegenüber. Seine Mitarbeiter waren etwas kooperativer, die standen nicht sonderlich gut mit ihm. Dafür durchschauten sie nicht alles auf Anhieb.

Schließlich zog ich eine Anwältin hinzu und eine Frau aus dem Großen Haus, die ich kannte. Später kamen noch drei Männer vom Kriminalistischen Institut dazu, die auch was von der Sache verstanden, so daß man überhaupt erst mal etwas machen konnte.

Aber die ersten drei Tage stand ich völlig alleine. Erst später wurde die Kommission aufgestockt, weil sie bis zum 1. Parteitag der PDS Ende Februar 1990 weiter arbeitete und dort einen Abschlußbericht gab. Wir fingen bereits in den ersten Tagen an, uns mit Wandlitz zu beschäftigen: Wir recherchierten, wie dort die Versorgung vonstatten ging, was die Bewohner zu bezahlen hatten, wie die Bezahlung im Zentralkomitee gestaltet war − getrennt nach Politbüro-Mitgliedern und anderen −, wer die entsprechenden Vorschriften erließ . . . Wir konnten zwar nicht Staatsorgan spielen. Aber dort, wo wir den Eindruck hatten, auf eine Straftat gestoßen zu sein, haben wir die Angelegenheit an die Staatsanwaltschaft abgegeben. Wir unterhielten dorthin eine direkte Verbindung. Die Materialien wurden immer abgeholt − auch solche, die für die mittlerweile eingeleiteten Strafverfahren gegen Politbüro-Mitglieder benötigt wurden. Selbst Untersuchungsausschüsse auf der Berliner Ebene, die Unterlagen haben wollten, mußten bestätigen, daß wir sehr kooperativ waren − im Unterschied zu anderen Organen. Klagen über andere Ausschüsse landeten auch auf meinem Tisch. Ich weiß, beim Bezirksvorstand Berlin gab es mal Schwierigkeiten, das konnte ich aber sofort klären.

Neben diesen Untersuchungen mußte ich auch in den Arbeitsausschuß, der ja pausenlos tagte. Wir merkten bald, daß eine Partei − noch dazu in einer derart schwierigen Situation − so nicht geführt werden konnte. So ging es nicht weiter: Es gab zu viele Sachen, die uns auf den Fuß fielen. Es gab keine Leitung, jeder machte irgend etwas anderes. Zur Koordinierung der Arbeiten benötigten das Große Haus und die Partei überhaupt allerdings schnellstens eine Leitung. Wir entschieden deshalb, den Parteitag vorzuverlegen. Das stellte uns zwar vor eine große organisatorische Aufgabe. Aber vorrangig ging es darum, einen Vorsitzenden zu wählen und einen Parteivorstand. Klar war auch, daß ich einen Bericht der Untersuchungskommission geben sollte. Ich saß jede Nacht bis früh um vier Uhr und arbeitete. Aber um sechs Uhr ging es wieder los. Ich war restlos erschöpft.

Ich mußte mich in Gebiete hineinarbeiten, die ich überhaupt nicht kannte, wo ich vorher nicht einmal geahnt hatte, wie es dort funktionierte, wie die Leitungsstränge verliefen. Das überforderte mich zum Teil auch.

Dazu kamen die desolaten Zustände im Land. Dafür waren wir ja auch mitverantwortlich. In derselben Woche begann zudem die Arbeit des Runden Tisches. Da gingen Berghofer und ich hin − wenn man so will, auch ohne Legitimation. Zwar im

Auftrage des Arbeitsausschusses, aber der war ja eben kein gewähltes Organ. Verschärfend auf unsere Probleme wirkte sich aus, daß sich alles auf wenige Personen reduzierte.

Das Merkwürdigste war, daß wir uns nie Gedanken gemacht hatten, wer eigentlich Vorsitzender der Partei werden soll. Es war nur schon klar, daß es keinen Generalsekretär mehr geben soll, sondern eben einen Vorsitzenden. Aber wer das Amt übernehmen sollte, damit hatte sich bis dahin niemand beschäftigt. Am Donnerstag dieser Woche – genau kann ich mich nicht mehr erinnern, aber es war wohl der Donnerstag – haben wir uns das erste Mal im Arbeitsausschuß mit dieser Frage beschäftigt. Zuerst schlug jemand den Vorsitzenden des Arbeitsausschusses vor, also den Erfurter Bezirkssekretär Herbert Kroker. Der lehnte allerdings ab, er hielt sich für zu alt.

Dann schlug ich Wolfgang Berghofer vor. Der lehnte das auch ab, weil er meinte, für die anstehenden Wahlen könne er der Partei als Oberbürgermeister von Dresden viel mehr nutzen. Dabei wurde Berghofer zuvor schon dezent über ein Interview im „stern" als möglicher Kronprätendent ins Gespräch gebracht. Allerdings war nun, Anfang Dezember, schon deutlich zu erkennen, daß es kein Traumjob sein würde, Parteichef zu werden. Es war uns inzwischen allen klar, daß dieses höchst komplizierte Amt nicht mit viel Ruhm verbunden sein würde, sondern mit härtester Arbeit in einer der schwierigsten Phasen dieses Landes. Also wie auch immer – Berghofer wollte nicht. Zumindest wollte er nicht Parteivorsitzender werden. Wolfgang Thiel erzählte später, in einer Sitzung, bei der ich nicht dabei war, hätten sie die Frage des neuen Staatsratsvorsitzenden nach Krenz diskutiert. Da habe er kurzzeitig auch Berghofer ins Gespräch gebracht, der völlig verstummt sei und gar nicht mehr von seiner Bedeutung als Dresdener OB sprach. Allerdings meinte man dann, es sei besser, ein Staatsoberhaupt zu haben, das nicht in der SED war.

So suchten wir also weiter einen Parteivorsitzenden. Wer blieb? Hans Modrow wurde vorgeschlagen, aber der stand dem Ministerrat vor, und es war völlig klar, daß er beides nicht packen konnte. Außerdem meinten wir, wir würden ihn mit beiden Ämtern auch politisch tot machen. Da war die Sache festgefahren. Und dann kam meiner Erinnerung nach von einer Genossin der Vorschlag, ich solle Vorsitzender werden. Ich erwiderte spontan, daß sie wohl „ein Ding an der Birne" haben müsse. Ich sei Anwalt, und mir fiele die Arbeit im Untersuchungsausschuß schon schwer. Den würde ich bis zur Beendigung des Außerordentlichen Parteitages weiterführen, aber dann hätte sich die Sache für mich auch erledigt. Ich wollte in meine Praxis zurück. Berghofer redete dann längere Zeit auf mich ein. Dann habe ich mich breitschlagen lassen, verlangte aber, er müsse dann das Amt des stellvertretenden Vorsitzenden übernehmen, damit ich eine starke Stütze habe. Ich habe allerdings vergessen, mit ihm — was mir als Anwalt nicht hätte passieren dürfen — eine Frist für diese Übereinkunft auszumachen. So ging es dann ein bißchen zu schnell zu Ende mit der starken Stütze. Berghofer trat am 21. Januar 1990 aus der Partei aus und stand daher als Stellvertreter nicht mehr zur Verfügung.

Während Gregor Gysi zwischen Kreisdelegierten-Konferenz und Gebäude des gestürzten Zentralkomitees hin und her eilt, mühen sich vor dem Haus die Aktivisten der Akademie der Wissenschaften und der WF-Plattform mit ihrer Demonstration ab und streben danach, Klarheit über die Delegiertenberatung am Abend zu gewinnen. Thomas Falkner über die Pendeltouren zwischen Akademie und ZK-Gebäude und über das, was danach kam:

Ex-Politbüroler Schabowski hatte damals, am 3. Dezember 1989, das Podium vor den Demonstranten noch nicht lange verlassen, da wurde mir von hinten auf die Schulter getippt. Die im Gedränge hinter mir Stehenden zeigten auf einen noch weiter hinten befindlichen Kollegen vom Rundfunk. „Vertrödel hier nicht deine Zeit", rief er mir zu. „Die gründen das Ding aus sich selbst, ihr müßt da rein." Gemeint war der von Schabowski angekündigte Arbeitsausschuß. Er sollte also aus dem alten Zentralkomitee heraus gegründet werden? Ich überlegte einen Moment. Die mit Heinz Albrecht besprochene Variante eines Rates der Bezirkssekretäre konnte natürlich so interpretiert werden. Gab es also Anlaß zur Sorge?

„Komm!" rief mein Kollege noch einmal. „Heinz Albrecht spricht für den Arbeitsausschuß! Ihr müßt euch kümmern!" Heinz Albrecht, der mich noch vor zwei Tagen auf Egon Krenz einschwören wollte? Ich wurde unruhig und drängelte mich weg vom Mikrofon, wo ich eigentlich sprechen wollte.

Der Reporter hatte nicht länger warten können und war verschwunden. Ich ging zurück zur Akademie der Wissenschaften, wo unterdessen die Vorbereitungen auf die für den Abend anberaumte Beratung der Parteitagsdelegierten weitergingen. Anrufe zeigten, daß der Appell gehört worden war. Seit dem Vortag standen alle rund 2500 Teilnehmer fest. Sie waren auf den

Kreis-Delegiertenkonferenzen gewählt worden. In den Parteibüros der Akademie wurde man langsam unruhig, schließlich war für den Abend nichts vorbereitet. Was sollte nun dort geschehen? Von welcher Lage in der Partei und im Land war in drei Stunden auszugehen? Was hatte es mit dem Arbeitsausschuß auf sich – sollte man ihn unterstützen oder ihm das Mandat verweigern?

Dieter Segert ist inzwischen eingetroffen und erzählt, daß sein Chef und Verbündeter Dieter Klein, der Prorektor für Gesellschaftswissenschaften der Berliner Humboldt-Universität, am Vormittag ins ZK gerufen worden war. Segert vermutet, daß dies im Zusammenhang mit dem Arbeitsausschuß geschah. Dann könne man zuversichtlich sein, sagt er.

Ich teile meine Besorgnisse mit, die sich vor dem Großen Haus ergeben hatten. Wir versuchen, die Dinge zu gewichten, und sind unschlüssig. Handelt es sich um einen konservativen Handstreich gegen die sich formierende Basisbewegung? Seit dem Treffen zwischen Heinz Albrecht und der Initiatorengruppe der WF-Plattform am 1. Dezember 1989 konnte davon ausgegangen werden, daß diese Bewegung noch keine eigenen Führungsfiguren hervorgebracht hatte. Mehr noch: Albrecht konnte schlußfolgern, daß die WF-Plattform als im Moment gefährlichste Gruppierung die verbliebenen 14 Tage bis zum Sonderparteitag noch voll brauchte, um sich auf ihren Veranstaltungen nach eigenen Führungspersonen umzusehen, sie zu präsentieren und sie mehrheitsfähig zu machen. Dieses Wissen konnte den bedrängten Kräften am Berliner Marx-Engels-Platz einen Freiraum schaffen. Blieb das Zentralkomitee nicht geschäftsführend im Amt, sondern trat sofort zurück, so konnte die Basisbewegung übertölpelt werden, weil sie zu einer sofortigen Übernahme der Macht in der Partei noch nicht in der Lage war. Im Falle eines sofortigen Rücktritts vermochte es einzig und allein der Kronrat, eine neue Führung zu etablieren.

Psychologischer Vorteil: Diese neue Gruppe mußte, wenn sie geschickt zusammengestellt war, der demonstrierenden Parteibasis einerseits wie ihr eigenes Geschöpf erscheinen; andererseits würde es die radikale Basisbewegung angesichts dessen schwer haben, eigene, nicht vom Kronrat ausgewählte Kandidaten an die Schaltstellen zu schieben, geschweige denn, innerhalb von zwei Wochen eine nochmalige Auswechselung der Spitze durchzusetzen.

Außerdem: Hatten nicht auch die Reformkräfte wie Dieter Klein Anlaß, in dieser zugespitzten Krise vollendete Tatsachen zu schaffen? War nicht im Grunde genommen das Zustandekommen des Gründungsaufrufs der WF-Plattform mit den für die Situation notwendigen klaren Aussagen ein Coup und mehr nicht? Manche der Beteiligten fühlten sich anderntags ebenfalls übertölpelt, noch dazu, nachdem sie die vor allem die starken Angriffe gegen die SED-Führung betonende Rundfunkmeldung gehört hatten. Dies war immerhin die einzige Informationsquelle am nächsten Morgen.

Wenn in den nächsten Tagen in den Medien öfter von einer SED-Basisbewegung Plattform WF die Rede war, so beschrieb dieser Begriff eigentlich bestenfalls die weniger ängstlichen, die eher handlungsbereiten, die nicht so sehr an der Vergangenheit hängenden Kräfte; diejenigen, die ihr persönliches und politisches Heil damals noch nicht in der Flucht aus der SED-Mitgliedschaft sahen; diejenigen, die eine kollektive Verantwortung vor dem Volk spürten und sich ihr nicht entziehen wollten.

Das Vorhandensein einer solchen erstarkenden und schließlich für einige entscheidende Tage mit den Ton angebenden Strömung innerhalb der SED war die Voraussetzung dafür, die Staatskrise beherrschbar zu halten, den Führenden ihre Isolation selbst in der Partei zu demonstrieren und sie vom letzten verzweifelten Schlag abzuhalten. Das war das eine. Doch die Grundlagen für eine programmatische Wiedergeburt der SED als Ganzes fanden sich auch in dieser Strömung nicht. Nicht einmal die Konturen einer politisch sinnvollen Spaltung zeichneten sich ab, obwohl dies immer wieder mit dem Wirken der Plattform assoziiert wurde. Die reale Gefahr – auch für den Parteitag – bestand damals nicht darin, daß sich die SED spaltete, sondern daß sie einfach zerfiel, ersatzlos auseinanderging, sich in ihre einzelnen Atome auflöste.

Eine Gefahr war dies nicht in erster Linie wegen des Bestandes der Partei selbst, sondern weil das bei einem solchen zusammenhanglosen Zerfall der noch vor wenigen Wochen scheinbar allmächtigen und überall präsenten Staatspartei entstehende politische Vakuum in der Gesellschaft eine Implosion hätte auslösen können. Schon zeigte sich, daß die Spannungen zwischen Noch-SED-Mitgliedern und bereits Ausgetretenen die Funktionsfähigkeit von Einrichtungen und Behörden einschränkten. Die SED und diejenigen, die in ihrem Fahrwasser alle Apparate überschwemmt hatten, standen jetzt aber nach wie vor in der Verantwortung, denn eine regierungsfähige Alternative zeichnete sich Ende 1989/Anfang 1990 noch nicht ab. Die Funktionsfähigkeit der Gesellschaft blieb noch an die SED gebunden, auch wenn die Partei selbst in Fäulnis übergegangen war. Die Partei hatte zuallererst diese eigene Fäulnis zu beherrschen und auszukurieren, ehe sie angesichts bevorstehender freier Wahlen über ihre weiteren Machtambitionen nachdachte. Es ging um die Mobilisierung der Kräfte in der SED, die eine geordnete, friedliche Übergabe der Macht an das siegreiche Volk mitvollziehen konnten. Zu diesem Zweck war ein gründlicher, ein wirklicher Bruch mit der Vergangenheit zu vollziehen, ein Bruch in der Tat, nicht in Worten und Ausflüchten.

Darum also ging es. Doch dieser Lage waren sich selbst die wenigsten der Parteitagsdelegierten bewußt, die in den nächsten Tagen zu den Veranstaltungen der Plattform WF kamen und dazu aus allen Bezirken der DDR anreisten. Der chaotische Eindruck der ersten Nacht löste sich nicht auf. Die klugen, nachdenklichen Intellektuellen, die analytisch und konzeptionell den Problemen am nächsten waren, erreichten nicht das Herz der Erschienenen. Die, die wie Volkstribunen auftraten, kamen nicht über die Forderung nach „schonungsloser Aufklärung" von Amtsmißbrauch und Korruption seitens der alten Führung hinaus. Eine wirklich vorwärtsweisende Verständigung über die aktuellen Aufgaben, die demokratische Verfassung und die konzeptionellen Ziele der faktisch neuen Partei kam auch bei den Veranstaltungen der Plattform WF nicht zustande. Der Effekt war eher verheerend: Die intellektuellen Vordenker verloren dramatisch an Prestige, die aus der Panik der Stunde heraus agierenden Wortgewandten bestimmten die Szene.

So war die Lage selbst im risikobereiten, radikalen Lager innerhalb der SED. Noch ernüchternder wirkten die Vorberatungen aller Delegierten zum SED-Sonderparteitag, die auf Bezirksebene stattfanden. Hier dominierte – zumindest in Berlin – blinde Angst, die sich in machtpolitische Nostalgie flüchtete. Wie ein Ertrinkender den Strohhalm, so hielt die Mehrheit der Berliner Delegierten jedes Stückchen der alten SED – ob das unselige Parteieigentum oder den nicht weniger unseligen Begriff des „Marxismus-Leninismus" – fest, das ihnen von der außerparteilichen Opposition nicht mit aller Härte aus der Hand geschlagen oder das von der innerparteilichen Verwesung nicht bereits zerfressen worden war. Für den Ausgang des SED-Sonderparteitages ließ das nichts Gutes erwarten.

Das alles konnte man an diesem Sonntag schon ahnen. Während wir immer noch überlegen, was von dem Arbeitsausschuß zu halten sein wird, erläutert Heinz Albrecht schließlich über Radio DDR, was es mit dem Arbeitsausschuß auf sich hat.

Er spricht auch zu den Demonstranten. Aus einem anderen Zimmer wird uns zugerufen, ein Vertreter des Ausschusses wolle am Abend auf unserer Veranstaltung sprechen. Wer? Das weiß man nicht. Die Beratungen im ZK-Gebäude werden fortgesetzt.

Wir werden unruhig und gereizt. Die Zeit rennt uns davon. Ständige, drängende Anrufe unsererseits im Großen Haus werden abgeschmettert. Da könne ja jeder jetzt mit dem Ausschuß reden wollen; wir würden ja sehen, ob jemand kommt. Einer von uns wird deutlich: Es gehe darum, ob der Ausschuß heute abend das Mandat der Partei erhält oder nicht. Das sei die Frage. Man möge dies übermitteln.

Im Radio kommen inzwischen Nachrichten. Zur Zusammensetzung des Arbeitsausschusses heißt es darin sinngemäß, es handele sich bei den Mitgliedern um Delegierte zum Sonderparteitag und um andere Genossen, die sich in der jüngsten Zeit bei der Erneuerung der Partei besonders hervortaten.

Dieter Segert, Michail Nelken und ich sehen uns an. „Warum ist eigentlich von uns keiner dabei?" Dieter Klein war ins ZK gerufen worden. Aber er gehört im engeren Sinne nicht zu der Plattform. Auch von der Akademie der Wissenschaften, ebenfalls ein Zentrum der innerparteilichen Opposition, ist niemand ins ZK gerufen worden. Alle sind noch da.

Also gehen wir zum Großen Haus. Schon, weil uns der bevorstehende Abend bedrückt. Inzwischen melden sich alle großen Agenturen, Medien, Fernsehstationen aus Ost und West für den Abend an. Eine junge Frau von der Akademie, die an Ort und Stelle Absprachen treffen wollte, ist seit Stunden weg — ohne Nachricht.

Wir drei — Segert, Nelken und ich — sind immerhin Delegierte zum Parteitag. Die einzigen durch demokratische Wahlen legitimierten Parteimitglieder, die über die Geschicke der SED zu entscheiden haben. Nicht weniger, als diejenigen, die dort im ZK-Gebäude sitzen, sich vor uns abschirmen oder vor uns abgeschirmt werden. Wir machen uns auf den Weg. Kraft unseres Status wollen wir Einlaß in das Gebäude erlangen, zum Ausschuß vordringen und mindestens einen von uns dort als Mitglied unterbringen.

Draußen ist es mittlerweile dunkel geworden; von den Demonstranten steht nur noch ein kleiner Rest vor dem ZK und diskutiert. Als Dieter Segert nach der verschlossenen schweren Glastür des Hauptportals greift, kommt innen Bewegung auf. Männer in Uniform und in Zivil bewachen das Gebäude. Argwöhnisch blicken sie durch das schwere Glas. Wir zeigen, daß wir hinein wollen. Die Männer beratschlagen. Schließlich ein Ergebnis: Einer schließt auf, öffnet die Tür nur einen Spalt breit und steckt die Nase heraus wie eine ängstliche alte Frau bei fremdem, nicht erwartetem Besuch. Wir erklären, wer wir sind und was wir wollen. Dies sei der falsche Eingang, wird uns beschieden. Wir sollten um die Ecke gehen, in die Oberwasserstraße, Haus zehn. Da würde man uns weiterhelfen. Die Tür geht wieder zu.

Als wir loslaufen, sagt Segert: „Das ist doch das Konsultations- und Informationszentrum, mehr nicht." Wir andern wissen es nicht genau, doch Segert behält recht. Will man uns also tatsächlich abwimmeln? Im Konsultationszentrum werden wir freundlich begrüßt und erst einmal angehört. In ebenso freundlichem Ton wirbt man um unser Verständnis, daß die Genossen des Arbeitsausschusses jetzt nicht gestört werden können. Als wir nach einer Weile wieder zu Wort kommen, erklärt Segert noch einmal den Ernst der Lage. Jetzt ist er gar nicht mehr der große, schmale Junge; er spricht mit fester, schneidender Stimme und in unmißverständlichen harten Formulierungen.

Man will sich kümmern. Wieder vergeht eine Weile; wir sitzen in einem engen, überheizten Zimmer. Der ZK-Beamte und wir versuchen, die Stimmung etwas aufzutauen. Harmloses Geplänkel. Der, der sich kümmern wollte, kommt wieder. Er hat etwas in Erfahrung gebracht: Der Arbeitsausschuß tagt im Sitzungssaal des gerade gestürzten Politbüros. Da könne man jetzt nicht ran, sagen die Leute vom Konsultationszentrum. Und von ihren Räumen aus schon gar nicht, sie säßen nur in einem Anbau. Wir müßten es an der Hauptpforte versuchen. Von dort kamen wir ja schon. Auf dem Weg wieder zurück sagt Dieter Segert, der das Gebäude ein bißchen kennt, seines Wissens komme man sehr wohl vom Konsultationszentrum in die Politbüro-Etage. So weit ich später das verwinkelte Gebäude erschließen konnte, hatte er damit recht. Man hielt uns also hin, schickte uns von Pontius zu Pilatus.

Auf dem Weg zurück zum Haupteingang, noch in der Etage des Konsultationszentrums, begegnen uns große Gruppen aufgebrachter SED-Mitglieder. Einige erkennen Dieter Segert nach seinem Fernseh-Auftritt und sprechen uns an. Sie wollen helfen, die Akten des alten ZK zu sichern. Ob wir als Plattform nicht die Kampfgruppen mobilisieren wollen? Ein Mann stößt dazu und warnt. Er sei extra deswegen gekommen. Am Nachmittag, so berichtet er unter bezug auf Kollegen, habe es Versuche gegeben, die Kampfgruppen zum Schutz des ZK-Gebäudes zu mobilisieren. Die Kommandeure und die Fußtruppen hätten sich jedoch verweigert. Nun will er, daß die noch bestehenden Kampfgruppen beruhigt werden.

Wir sind gegen die Mobilisierung der Kampfgruppen. Jede Truppenbewegung im Land könnte in der siedenden Stimmung als Provokation verstanden werden und zu unvorhersehbaren Reaktionen der Bevölkerung führen. Auch die innerparteiliche Revolution mußte friedlich verlaufen. Anderthalb Stunden später in der Akademie bringt ein Parteitagsdelegierter die Idee des Kampfgruppeneinsatzes noch einmal zur Sprache. Die nationalen und internationalen Medien sind auf Beschluß der Teilnehmer zu diesem Zeitpunkt gerade ausgesperrt. Eine Fortsetzung der alten SED-Geheimniskrämerei, doch in diesem Moment ein Segen für die Lage im Land.

Doch das geschieht erst später. Noch sind Segert, Nelken und Ich auf dem Weg zurück zum Haupteingang des ZK-Gebäudes. Auf dem Platz davor ist es inzwischen leer. Als wir wieder vor der Glastür stehen, schütteln die da drinnen kräftig mit dem Kopf. Man hat uns wiedererkannt, will aber nicht mit uns verhandeln. Wir fangen an, an der Tür zu zerren und laut dagegen zu klopfen. In diesem Moment kommt von innen einer der ZK-Mitarbeiter, der will hinaus. Ein Uniformierter öffnet die Tür, unter seinem Ellenbogen schlüpft der Mann hinaus. Er trägt einen Plastbeutel und eine prall gefüllte Aktentasche.

Dieter Segert stellt seinen Fuß in die Tür und will sich hineindrängen. Der Uniformierte greift ihn an und stößt ihn derb zurück. Ich kann ihn gerade noch auffangen. Michail Nelken hält die Tür auf. „Ich bin Parteitagsdelegierter, das hier ist mein Haus, nicht Ihres", ruft er voller Wut. Der Büttel verzieht kein Gesicht und schickt sich an, die Tür zuzuziehen. Wir halten dagegen. Da erscheint von hinten ein Zivilist, ein etwas älterer Mann, und ruft: „Hereinlassen!".

Das erste Mal in meinem Leben betrete ich in diesem Moment nach über 15jähriger Parteimitgliedschaft das Gebäude meiner Parteiführung. Es hat sich nicht viel geändert, denke ich, man bezieht nach wie vor Prügel, wenn man von ihnen will, was sie nicht wollen. Da bekomme auch ich meinen Stoß. Ich habe eine Sperrlinie überschritten, die sich etwa einen Meter von der Türfront entfernt von Wand zu Wand zieht. „Nicht weiter!" rüffelt ein Dritter, den ich noch nicht gesehen hatte. Ich blicke nach oben und entdecke eine auf uns gerichtete Video-Kamera.

Der ältere Zivilist ist verschwunden. Ich versuche die naive Tour: „Im Haus 10 hat man uns gesagt, die Genossen erwarten uns im Sitzungssaal des Politbüros. Wir sollten hier rein." „Das wird gerade geklärt", erhalte ich zur Antwort. Damit endet das Gespräch. Der Uniformierte, ein hünenhafter Unteroffizier, steht breitbeinig vor uns. Als ich nach einiger Zeit des Wartens beginne, auf und ab zu laufen, schickt er sich zunächst an, immer auf meiner Höhe zu bleiben und mich mit seinem Körper zu hindern, die Sperrlinie zu überschreiten. Dann raunzt er los: „Stehenbleiben!"

Als wir drei Eindringlinge überlegen, ob wir alle oder zwei von uns nicht doch lieber wieder zurück in die Akademie gehen, wird uns klargemacht, daß wir zu warten haben. Aus der Dunkelheit des ZK-Foyers blicken wir hinaus in die Finsternis vor dem Haus. Die Demonstranten haben unmittelbar vor der Türfront ihre Transparente abgelegt, so, daß man die Schrift von innen lesen kann: „SED – Verfassungsfeind", „Keinen Schalck mehr im Nacken!", „SED – ade!", „Ich will meine Beiträge wieder!", „Rücktritt des Politbüros!", „Wir lassen uns nicht be-Krenzen!", „Plattform WF", . . . Graffity vor dem Heiligtum der Macht. Unten auf der Straße steht ein Übertragungswagen von SAT.1, die Kollegen laufen um das Auto herum, irren durch die Schilder. Sind sie zu spät gekommen? Es ist wie in einem Polit-Krimi bei SAT.1.

Der ältere Zivilist kommt wieder. Man könne uns nicht empfangen, erklärt er. Dafür werden wir aber auch nicht länger festgehalten, dürfen gehen. Segert bittet noch dringend, eine Nachricht an Dieter Klein zu übermitteln. Dann sind wir wieder frei. Eine halbe Stunde vor Beginn des Delegiertentreffens kommen wir in die Akademie zurück. Unverrichteter Dinge. Wir beschließen, die inhaltlichen Anliegen der Plattform WF zu erläutern und mit den Delegierten zu besprechen. Jeder nutzt die verbleibende Zeit, um sich ein paar Stichpunkte für seine Rede zu machen.

Mit zehn Minuten Verspätung gelangen wir in den mit einigen hundert Leuten, meistenteils Parteitagsdelegierte aus Berlin und Umland, aber auch von weiter weg, überfüllten Saal. Überall Fernsehkameras, Scheinwerfer, Mikrofone.

Kurz nachdem ich das Treffen eröffnet habe, kommt Markus Wolf, der ehemalige DDR-Spionagechef und Perestroika-Vorkämpfer, in den Saal. Starker Beifall empfängt ihn, er winkt ab. In der ersten Reihe macht ihm jemand seinen Platz frei. Wolf will erst einmal zuhören, nicht gleich sprechen. Später tritt er ans Pult und referiert noch einmal die Ereignisse des Tages. Erklärt, wer im Arbeitsausschuß sitze. Umreißt in groben Zügen, wo man hin will: zur Schaffung einer modernen sozialistischen

Partei, einer Partei ohne Enge und ohne Zwang. Vor allem aber sei er zum Zuhören gekommen, wiederholt Wolf. Die Zeiten seien vorbei, da von oben jemand erscheine und die Linie vorgebe. Die Parteitagsdelegierten applaudieren erleichtert. Der Arbeitsausschuß findet ihr Vertrauen, per Akklamation wird ihm die Unterstützung der innerparteilichen Opposition zugesichert.

Nach der auch an diesem Abend wieder sehr zerfahrenen Diskussion will sich dennoch keine Siegerstimmung breitmachen. Als wir in den Parteibüros der Akademie anschließend noch mit Markus Wolf zusammensitzen, knallen keine Sektkorken. Nur Wolf schlaucht eine starke kubanische Zigarette nach der anderen – obwohl im das starke Rauchen nicht bekommt, wie er sagt. Er blickt in die Runde der vor allem Anfang bis Mitte 30jährigen und sagt: „Ihr hättet den Laden schon viel, viel früher übernehmen müssen. Oder wir hätten ihn euch übernehmen lassen müssen. Oder beides." Wir drei Belagerer des ZK-Gebäudes erzählen unsere Erlebnisse. Wolf ist es nicht viel anders gegangen: Als er am Vormittag kurz vor zehn Uhr auf Einladung des ZK-Abteilungsleiters Gerd Schulz in das Haus hinein will, verweigern die Wächter dem Mann den Einlaß, den sie als nur unwillig von Politbüro und Zentralkomitee geduldeten Reformer kennen. Dann sagt Wolf plötzlich: „Wir sollten mit dem Arbeitsausschuß zu Euch ziehen, hier in diese Räume. Ist doch alles da: genug Platz, Telefone . . ." „Die werden bestimmt abgehört", wirft einer als Scherz ein. „Da drüben machen sie auch mit uns, was sie wollen", erwidert Wolf. „Die können uns einspinnen wie in einem Kokon."

Schon am nächsten Tag bewahrheitet sich etwas von dieser Vorahnung.

Am frühen Morgen des 4. Dezember 1989 zeigt der nach außen hin – auch nach dem Rücktritt von Markus Wolf 1986 – so monolithisch erscheinende Koloß Stasi Risse und Brüche. Die Zuweisung der Rolle des Prügelknaben für die alt-neue SED-Führung, die vorrangige Entlassung oder Umsetzung jener Untergebenen, die den alten Vorgesetzten schon seit langem unbequem waren, im Rahmen der Stasi-Reduzierung und weitere interne Vorgänge im Ministerium für Staatssicherheit geben den Nährboden dafür ab. Die Zuspitzung der Affäre Schalck-Golodkowski aber, die Enttarnung seiner illegalen Waffenhandelsfirma und die Flucht des inzwischen per Haftbefehl gesuchten Stasi-Obersten in den Westen, bringt das Faß zum Überlaufen. Mitarbeiter der Stasi bieten dem Rundfunk an auszupacken, fordern aber auch Garantien für ihre persönliche Sicherheit.

Schließlich tritt ein Stasi-Mann am 4. Dezember im Frühprogramm von Radio DDR auf. Er — wie viele seiner Kollegen — könne es nicht mehr vor seinem Gewissen verantworten, noch „Schild und Schwert der Partei" zu sein. „Wir sind doch auch das Volk", sagt er. Deswegen könne man es nicht weiter mit ansehen, wie dieses Volk betrogen werde. Da berührt der Mann ein bis heute äußerst sensibles Thema: Der Chef des aus dem MfS hervorgegangenen Amtes für Nationale Sicherheit in der Modrow-Regierung, Schwanitz, hatte wenige Tage zuvor in der Volkskammer erklärt, er habe von seinem Vorgänger, dem Staatssicherheits-Minister und Politbüro-Mitglied Mielke, lediglich zwei leere Panzerschränke übernommen. Mit dem Argwohn verbindet sich sofort die Frage nach dem Umgang mit den Stasi-Unterlagen. Seitens der Bürgerbewegungen gibt es bereits Hinweise auf übermäßige Verbrennungen von Papier in Stasi-Zentralen. Auch in der SED, auf Kreisdelegierten-Konferenzen, wird dies diskutiert. Und nun bestätigt ein Stasi-Mitarbeiter im Rundfunk: Schon seit einigen Wochen werden Akten des Ministeriums vernichtet. Und zwar in großem Stil

Das Feuer der Leidenschaften wurde weiter angefacht. In Ostberlin gehen erstmals Angehörige von Sicherheitskräften selbst auf die Straße und demonstrieren gegen Amtsmißbrauch und gegen die Vernichtung von Beweismitteln. Während andere Stasi-Mitarbeiter Schmäh-Anrufe an den Rundfunk richten, erkundigen sich viele Menschen danach, wo denn die Aktenvernichtung stattfinde. Was verheißt das für die in diesen Wochen überall stattfindenden Montagsdemonstrationen? Wird es zur Erstürmung von Stasi-Gebäuden kommen? Und auch bezüglich der SED sind die Hemmschwellen mit dem Sturz der gelähmten Polit-Götzen gefallen. Die Einsetzung der Gysi-Kommission zur Sicherung der Unterlagen und zur Untersuchung der Vorgänge im Zentralkomitee und seinem Apparat bestätigt zudem, daß auch in der Partei bis vor wenigen Stunden unrechtmäßige Dinge gelaufen sind.

In den Zentren der WF-Plattform beginnt das Nachdenken, wie auf die eigentlich so nicht gewollte Situation zu reagieren ist. Die Plattform hat in diesen Tagen unzweifelhaft Gewicht, sie muß reagieren. Aber wann und wie? Die nächste Zusammenkunft mit den Delegierten findet erst am nächsten Abend statt, einen ganzen Tag nach den Montagsdemonstrationen. Und was soll überhaupt gesagt werden? Ein Appell an die Vernunft? Zum Maßhalten? An wen sollte er gerichtet werden — an die Partei? An das Volk? Mit welchem Recht, zu welchem Zweck?

Im Rundfunk-Parteibüro stellten mir Horst Hirt und sein Freund Klaus Dieter Krober die Frage viel einfacher, ganz direkt: Was ist denn nun der nächste Schritt? Die Revolution, so argumentieren sie, ist auf dem Höhepunkt angekommen, aber mit dem Abgang des Zentralkomitees und der Inbesitznahme des Gebäudes durch die Reformkräfte hat sie in dieser luftigen Höhe erst den ersten Schritt getan. Es war klar: Die Festungen der Macht würden jetzt fallen, auch im ganz konkreten, dinglichen Sinn. Also: Stasi-Zentralen würden geöffnet werden, SED-Kreisleitungen, Bezirksleitungen, staatliche Einrichtungen – nicht alle, aber die wichtigsten schon, die Zwingburgen, und die als Hort von Amtsmißbrauch und Korruption am meisten verdächtigen Stätten.

Dies, so war uns im Rundfunk nach der Stimmung im Lande klar, würde so oder so geschehen – entweder von der Straße aus und spontan oder von einer politischen Kraft ausgehend, die die Initiative im Moment hatte oder sie ergreifen würde, und dann organisiert, konsequent, unumkehrbar.

Die Frage würde sich spätestens dann entscheiden, wenn am Abend die Montagsdemonstrationen stattfanden. Es ging um Stunden, und aus der Stunde heraus mußte gehandelt werden. Wer also hatte zu dieser Stunde politisch die Initiative in der Hand? Nach den Ereignissen des Wochenendes war es noch die SED-Basis, die immerhin der stalinistischen Hydra den Kopf abgeschlagen hatte. Um die Initiative aber in der Hand zu behalten und weiter konstruktiv Einfluß auf den Gang der Dinge im Land ausüben zu können, mußte das neue Spitzengremium der Partei entsprechend handeln. Es war also Sache des Arbeitsausschusses und nicht der Plattform WF, jetzt öffentlich zu handeln.

Wir entwarfen einen Aufruf, den der Ausschuß an das Volk der DDR richten sollte:

„Wir befinden uns in einer Phase konkreter Machtübernahme durch die Volksrevolution. Noch wehrt sich der Apparat des gestürzten Zentralkomitees der SED im ganzen Land. Die vom Arbeisausschuß in Berlin unter Leitung von Gregor Gysi eingesetzte Gruppe hat daher seit gestern folgende Maßnahmen eingeleitet:

. . . (Hier sollte vom Arbeitsausschuß eingesetzt werden, was bislang geschehen war.)

Diese Machtübernahme muß im ganzen Land durch alle Kräfte des Volkes gewährleistet und gesichert werden. Zu diesem Zweck muß der Nationale Verteidigungsrat unverzüglich Ministerpräsident Modrow unterstellt werden.

Wir rufen Polizei, Armee und alle Sicherheitskräfte auf, sich in den Dienst dieser Sache zu stellen. Unterstützt an Ort und Stelle die Sicherung von Beweismaterial für begangene Verbrechen bisheriger Funktionäre und Institutionen! Verhindert die Flucht von Verdächtigen! Alle jetzt erfolgenden konkreten Aktionen müssen vor der breitesten Öffentlichkeit erfolgen. Dabei fällt den Massenmedien die zentrale Verantwortung zu.

An die Mitglieder der bisherigen SED appellieren wir: Entzieht Euch nicht durch vorschnelle Austritte der politischen Verantwortung für den Sieg der Volksrevolution und die demokratische Erneuerung unseres Landes!"

Über Andreas Thun, der mittlerweile für die WF-Plattform in den Arbeitsausschuß aufgenommen worden war, und über eine Verbindung zu dessen stellvertretender Vorsitzenden Eva Maleck-Lewy, gelangte das Papier – nach vorheriger Konsultation – auf den Beratungstisch des Arbeitsausschusses. Die Sitzung sollte um 14.00 Uhr beginnen – nur wenige Stunden noch verblieben. Fast zu wenige, um noch landesweit zu erreichen, was wir erreichen wollten: den Menschen vor dem Gang zur Montagsdemonstration zu zeigen, wie vor offenen Mikrofonen und laufenden Live-Kameras *Volks*polizei und *Volks*armee Akten in Partei-, Stasi- und anderen Behörden sicherstellen; wie die zu befürchtende Flucht weiterer Schalck-Golodkowskis verhindert wird. Doch wenigstens eine verbale Initiative des Arbeitsausschusses in dieser Richtung wäre schon etwas gewesen, wäre mehr gewesen als nichts.

Inzwischen gibt die Nachrichtenlage zu immer mehr Besorgnis Anlaß. Kollegen aus der diensthabenden Schicht versorgen mich per Telefon oder Papier mit den jeweils neuesten Meldungen. Überall in der Republik verdichten sich Verdachtsmomente auf Aktenvernichtung durch Stasi-Dienststellen. Bei den Demonstrationen wird mit Rekordbeteiligung gerechnet. Der Sturz von ZK und Politbüro hat eindeutig zu keiner Entspannung der Lage geführt; die rasante Entwicklung scheint über die SED schon wieder einmal hinweggegangen zu sein. Wieder sind andere schneller: Der Landessprecherrat des Neuen Forum richtet einen Aufruf an alle Bürger, in dem es heißt: „Wir haben erfahren, daß angesichts der Staatskrise wichtige Finanz- und Sachwerte ins Ausland verbracht, wesentliche Akten vernichtet wurden und daß sich verantwortliche Personen ins Ausland abzusetzen versuchen." Um dies zu verhindern, so das Neue Forum, sollten „Kontrollgruppen" gebildet werden. Die Regierung müsse diese „Bürgerkontrolle" unterstützen.

Wieder waren andere schneller, wurde die Initiative verschenkt. Jetzt bleibt nur noch die Chance gleichzuziehen, mit den anderen an einem Strick zu ziehen. Noch wird das erste Wort der neuen Führung mit Spannung erwartet; noch kann man glaubhaft sagen: Wir haben parallel zu Euch an dem selben Problem gearbeitet, sind unabhängig von Euch zu ähnlichen Schlußfolgerungen gekommen, laßt uns zusammen die Dinge angehen. Noch geht es, noch wenige Stunden, Minuten . . . Im Funkhaus herrscht Bereitschaft. Reporterteams und Ü-Wagen können sofort losfahren, wenn das Signal kommt. Doch es kommt nicht, über Stunden nicht.

Plötzlich, etwa gegen 17.00 Uhr, klingelt das Telefon. Andreas Thun. Ich hoffe noch immer auf das befreiende Wort, auf die Übermittlung eines – sicher veränderten, aber in der Substanz gebliebenen – Textes.

Nein. Andreas erklärt mir, der Ausschuß mache sich große Sorgen über die galoppierende Destabilisierung im Land. Es gebe bedrohliche Anzeichen. Ich stimme ihm zu. Man müsse alles tun, um die Lage zu beruhigen. Richtig. Deswegen habe er eine Bitte. Ich horche auf. Die Genossen hätten eine Bitte, verbessert er sich. Die Berichterstattung des Rundfunks, die vielen Nachrichten und Berichte über die Stasi, über verschwundene Unterlagen, Gelder, Werte – man möge doch damit Schluß machen. So etwas heize die Stimmung nur an.

Einen Moment muß ich schlucken, dann tief durchatmen. Unsere Sender wurden in diesen Tagen gehört wie nie zuvor in der Geschichte der DDR. Erstmals waren wir besser informiert, näher dran als die Konkurrenz aus dem Westen, denn uns rief man jetzt an, uns übermittelte man Resolutionen und Informationen, wir waren endlich vom Volk angenommen worden. Doch man beargwöhnte uns auch, die Vergangenheit wurde durchaus nicht vergessen. Sogenannte einfache Leute registrierten, wie lange und in welchem Umfang eine Meldung zu einem brisanten Thema in den Nachrichtendiensten lief, ob ein Reporter alle wichtigen Losungen einer Demonstration verlas, ob die Teilnehmerzahlen von den Organisatoren oder den örtlichen Behörden übernommen waren. Immer wieder fragten Hörer am Telefon bei Beanstandungen ihrerseits, ob denn etwa wieder die SED-Mafia eingegriffen habe.

Ein plötzlicher, abrupter Verzicht auf die Information über die an diesem Tag alle bewegenden Themen wäre in dieser Situation als genau das erschienen, was es war: Der Versuch der SED, ihr unangenehme Entwicklungen dadurch ungeschehen zu machen, indem sie mit einem öffentlichen Tabu belegt wurden. Die alte Geschichte. Dies aber hätte einen weiteren Faktor der Destabilisierung gebracht – die aus dem Schußfeld des Volkszorns geratenen Medien wären wieder hineingelangt, und zwar in unvergleichlich schärferem Ausmaß. Es blieb nur noch eine Chance: Handeln nach unserem Aufruf. Sofort damit raus!

Andreas Thun legt auf. Er hat versprochen, mit dem Arbeitsausschuß zu reden. Nach einiger Zeit ruft er wieder an. Man verfüge über interne Informationen, die Lage sei zu ernst ... Ich möge noch einmal die Bitte überdenken. Die Argumente des ersten Telefonats wiederholen sich. Ergebnislos. Noch einmal Rücksprache.

Ich informiere die Chefs vom Dienst der einzelnen Sender. Eine für mich delikate Angelegenheit, war ich doch mit dem Grundsatz angetreten, nicht in redaktionelle Belange hineinzuregieren. Einige Kollegen reagieren entsprechend gereizt, einige sind bereits aus der SED ausgetreten. Ich sehe mich dennoch in einer Informationspflicht ihnen gegenüber und kann mich auch verständlich machen. Kein Sender ist bereit, seine Berichterstattung einzustellen.

Darüber wiederum informiere ich Andreas bei seinem nächsten Anruf. Er erwidert, man sei so besorgt, weil es in Erfurt und anderswo zu Gewalttätigkeiten gegen Stasi-Objekte gekommen sei. Vom Neuen Forum, so habe man erfahren, gebe es einen scharfmacherischen Aufruf. Den Aufruf kannte ich und fand ihn nicht scharfmacherisch. Aus Erfurt hatte niemand derartiges berichtet. Am nächsten Tag – bei der Delegiertenberatung der WF-Plattform – frage ich die aus Erfurt Angereisten. Sie waren bei der Demo dabei, es handelte sich um eine Menschenkette und eine Blockade. Familien mit Kindern hatten einen Ring um das Gebäude geschlossen, hielten Kerzen und Transparente. Mehr war nicht geschehen.

Eine Gewalttätigkeit? Wer hatte das erfunden? Stasi-Chef Schwanitz höchstpersönlich, erfuhr ich am nächsten Tag. Nachdem der Arbeitsausschuß stundenlang in dem kahlen Politbüro-Saal ohne jegliche Informationen, auch ohne Radio oder Fernseher, getagt hatte, strömte Schwanitz höchstpersönlich mit seinen getürkten Horrormeldungen hinein. Und erreichte Wirkung.

Als Andreas und ich telefonierten, wußte ich das natürlich noch nicht. Wir redeten weiter aneinander vorbei. Es kam eine weitere Nuance ins Spiel: Ein solcher Aufruf, wie von uns vorgeschlagen, berühre die Verantwortlichkeit der Regierung.

Ministerpräsident Modrow aber war am Morgen nach Moskau zum Gipfel der Warschauer-Pakt-Staaten gereist. Dort, in Moskau, konnte man ihn nicht erreichen. Wenigstens das müßte ich doch einsehen. Ich sah nicht ein, warum die Partei ihre Politik erst vom Ministerpräsidenten absegnen lassen mußte, wenn der nicht zu greifen war und wenn es um Handeln im entscheidenden Moment ging.

Im Hintergrund hörte ich Heinz Albrecht auf ihn einreden. „Der Heinz will mit Dir sprechen." In diesem Moment verliere ich die Nerven. Der Freitag, die Selbstbezichtigung als Glied des die Krenz-Führung stützenden Apparates, die Überzeugungsarbeit für Krenz, der Krisengipfel – all das war noch zu gegenwärtig. Wir würden einander nicht überzeugen können, nur Zeit würde vergehen. „Wenn ich mit jemanden rede, dann mit Kroker!"

Aber zu Kroker drang ich nicht vor. Im Hintergrund noch immer Heinz Albrechts Stimme. Die Rundfunk-Propaganda blieb Thema. Andreas Thun und ich sind der Verzweiflung nahe, er kommt immer weniger mit seiner Rolle als Sprachrohr des Ausschusses, als Vermittler klar. „Wenn die Verhältnisse bei Euch so sind", sage ich zu ihm, „dann sehe ich jetzt nur noch eine Möglichkeit: Ich komme in den Arbeitsausschuß, bringe meine Informationen mit und rede den Genossen ins Gewissen. Mehr kann ich nicht tun. Wir reden das Land ins Verderben." Andreas greift den Vorschlag auf. Nach einigen Minuten kommt er zurück: „Ich habe gefragt: Du sollst nicht kommen. Du brauchst gar nicht erst herzukommen, hier reden kannst du nicht."

Ich denke an den vorherigen Abend, an den rotzigen Uniformierten, an den mir in den Arm gestoßenen Dieter Segert, an den nicht eingelassenen Markus Wolf und an dessen Satz: „Da drüben machen sie mit uns, was sie wollen. Die können uns einspinnen wie in einen Kokon." Er hatte recht behalten.

Am Abend des 4. Dezember 1989 stürmten in Leipzig Demonstranten die monströse Stasi-Zentrale in der Innenstadt. An ihrer Spitze der später als Stasi-Spitzel enttarnte Rostocker Anwalt und Chef der Oppositionsgruppe Demokratischer Aufbruch, Wolfgang Schnur.

Von dem Vorstoß der WF-Plattform bleibt übrig, daß sich eine kleine Gruppe des Arbeitsausschusses am Abend dem „Appell der Vernunft" anschließt, den Schriftsteller, Wissenschaftler, Künstler und Politiker der DDR aus unterschiedlichen Lagern verfaßt haben:

„Im ganzen Land gibt es Bekundungen des Zorns und der

Empörung über Machtmißbrauch, Korruption, Verbrechen und Versuche zur Verdunkelung krimineller Vorgänge. Das ist auch unser Zorn und unsere Betroffenheit. Es gibt Anzeichen, daß aus diesem berechtigten Zorn Handlungen erwachsen, die in die Gefährdung der Sicherheit der Bürger und des Lebens münden könnten.

Wir wenden uns an die Regierung und die Volkskammer, sofort die rechtliche Grundlage für die Arbeit von Bürgerkomitees zu schaffen. Die ernsten Regierungsgeschäfte können nicht länger ohne die Bürgerbewegungen vonstatten gehen. Die Bürgerkomitees in Stadt und Land sollen in einer Sicherheitspartnerschaft mit den staatlichen Organen zunächst Kontrollaufgaben wahrnehmen, Beweismaterial sichern und bei den Ermittlungen der Staatsanwaltschaft mitarbeiten."

Für die SED unterzeichneten diesen Appell Andreas Thun, Wolfgang Berghofer, Gregor Gysi, Dieter Klein und Brigitte Zimmerman. Ein deutscher Text einer deutschen Revolution.

Wie auch immer: Zwischen den engagierten Delegierten, die am 3. Dezember und am 5. Dezember 1989 zur Plattform WF kamen, und dem Tun und Lassen des Arbeitsausschusses bestand Einvernehmen. „Er ist unser Ausschuß", hieß es in der Erklärung der Plattform vom 5. Dezember. „Wir wollen ihn voll in seiner Arbeit zur inhaltlichen und organisatorischen Vorbereitung des Parteitages unterstützen."

In meinem Entwurf für die Erklärung hatte es in diesem Zusammenhang weiter geheißen: „Die Entwicklung zeigt, daß der Arbeitsausschuß mit den Aufgaben der unmittelbaren Parteitagsvorbereitung voll ausgelastet ist. . . . Wir sind der Auffassung, daß er von der Aufgabe entlastet werden sollte, sich auch zu drängenden aktuellen Tagesfragen zu äußern. Für die Zeit bis zum Sonderparteitag braucht unsere Partei eine Geschäftsstelle (einen Aktionsrat). Sie soll kein Beschlußorgan sein, sondern ein Gremium, das Initiativen entwickelt, Vorschläge unterbreitet und Denkanstöße zu Tagesfragen gibt. Es soll die Orientierung der Parteimitglieder im politischen Alltag erleichtern. Daher muß es täglich vor die Presse treten. (. . . nach Bedarf vor die Presse treten.) Wir formieren heute in Übereinstimmung mit den anwesenden Mitgliedern des Arbeitsausschusses einen Kreis von Parteitagsdelegierten, der diese Aufgabe übernehmen sollte. Ihm gehören an: . . ."

Doch schon erste Sondierungen ergaben: Man verstand mich nicht, wollte eine Desavouierung des Arbeitsausschusses nicht zulassen. Mit einer Offenlegung der Auseinandersetzun-

gen vom Vortag hätte ich allein dagestanden. Ich blieb der beargwöhnte Radikalinski, für den man mich seit Beginn meiner
„Parteikarriere" und bis zu ihrem Ende hielt. Ein potentieller
Spalter. Vielleicht sogar ein Ehrgeizling, ein Karrierist. Wer
weiß?

Die Arbeit für den parteieigenen Untersuchungsausschuß
wegen Amtsmißbrauch und Korruption hält Gregor Gysi
von vielem ab:
An diesem Montag war ich wirklich ausschließlich mit der Untersuchungskommission beschäftigt. Ich kann mich allerdings an
Arbeitsausschußsitzungen erinnern, zu denen Hans Modrow geholt wurde, weil Häuser gestürmt wurden oder gestürmt werden
sollten.

Für uns stand die Frage, wie wir uns überhaupt zu so etwas
stellen. Und wir sagten uns: Die ganze Bewegung hat mit dem
Anliegen „keine Gewalt" begonnen. Das müssen auch wir durchsetzen. Da sich die Staatsmacht in einem desolaten Zustand befand, war sogar offen, ob man die Gebäude überhaupt noch
schützen kann. Mit Polizei und Armee wäre das ganz bestimmt
nicht gegangen.

Die Armee stand übrigens nie zur Diskussion — wenigstens
in meinem Beisein nicht. Die Polizei — ja, aber nur in dem Sinne,
daß sie keine Gewalt anwendet, sondern bestenfalls ein Gebäude umstellt, damit nicht von der anderen Seite gewaltsam
eingedrungen wird. Wobei es mehr um Parteigebäude, Rathäu-
ser und ähnliches ging. Von der Polizei aber — da waren sich alle
einig — durfte im Gegensatz zum Oktober keine Gewalt mehr
ausgehen.

Wir wollten Sicherheitspartnerschaften, mit dem Neuen Forum und den anderen. Dies um so mehr, als wir verhindern wollten, daß die Leute in den Gebäuden in eine Stimmung geraten,
in der sie denken, sie haben nichts mehr zu verlieren, und nach
der Devise zu handeln beginnen: Jetzt ist uns alles egal, alle
haben uns verraten und verkauft, jetzt legen wir uns selbst mit
dem Gewehr hin und verteidigen die Objekte. Diesen Aspekt
durfte man nicht unterschätzen, die Stasi war schließlich kein
kleiner Geheimdienst. Dies war um so wichtiger, als wir heute
wissen, wie stark sie bewaffnet war. Wir hatten also schon große
Sorge, daß auch die da drinnen in Panik geraten.

Aber das geschah ja alles nach dieser Sitzung vom Montag.
In diesen Tagen war Wolfgang Schwanitz, der Chef der Stasi-
Nachfolgebehörde „Amt für Nationale Sicherheit", häufig im Ar-

beitsausschuß und heulte uns die Ohren voll. Es ging auch um die Aktenvernichtung, die zur Erstürmung von Stasi-Gebäuden geführt hatte. Schwanitz rechtfertigte sich damit, daß er sagte, er und seine Mitarbeiter wollten solche Akten vernichten, die unrechtmäßig angelegt worden waren. Da hätte er gleich alle vernichten können. Aber das war nicht die Frage. Die Vernichtung überhaupt war unserer Ansicht nach die falsche Politik.

Ich kann mich erinnern, daß mich Bärbel Bohley angerufen und gefragt hat, ob man nicht bei einem bestimmten Stasi-Gebäude ermöglichen könnte, daß die Öffentlichkeit mit reinkommt, sich das ansehen kann – auch mit der Kamera. Das muß aber etwas später gewesen sein. Ich habe mich dafür sehr eingesetzt, weil ich dachte, daß man mit einer solchen Öffnung eher Spannungen abbauen kann, als wenn man alles verschließt und dadurch nur das Mißtrauen zeugt. Aber es war ganz schwer, diesen Vorstoß mit den Bezirken zu regeln. Die nahmen damals schon – zu Recht natürlich – die Trennung von Partei und Staat sehr ernst und sahen gar nicht ein, daß ich mich da einmische. Dann hat's doch noch geklappt, in Leipzig wohl. Aber wir hatten wieder die Initiative verpaßt.

Der Parteitag

Für den SED-Sonderparteitag wird nun angekündigt, er werde einen „radikalen Bruch mit stalinistischen Strukturen und machtpolitischer Überhebung" vollziehen. Das Konzept des „Dritten Weges" wird im SED-Zentralorgan „Neues Deutschland" als Diskussionsgrundlage für die Programmdebatte veröffentlicht. Nach einigem Zögern erscheint hier auch der Statutentwurf der WF-Plattform. Der Arbeitsausschuß selbst veröffentlicht einen Diskussionsstandpunkt, der in der Öffentlichkeit viel Sympathie findet.

Am Nachmittag des 6. Dezember 1989 verbreitet ADN die folgende Meldung:

„Der Arbeitsausschuß zur Vorbereitung des außerordentlichen Parteitages der SED ist durch die im Lande und in der Partei entstandene Situation zu der Entscheidung gelangt, den außerordentlichen Parteitag bereits für den Abend des 8. Dezember 1989 nach Berlin einzuberufen. Der Arbeitsausschuß wird einen Bericht über die Situation in der Partei und ihre Ursachen geben sowie Vorschläge für eine radikale, von der Basis ausgehende Neuformierung der SED zu einer modernen sozialistischen Partei, die dem demokratischen Sozialismus verpflichtet ist, unterbreiten.

Im Mittelpunkt der Diskussion sollen die nächsten Aufgaben der Partei stehen. Vorgeschlagen wird, auf dieser Sitzung des Parteitages Leitungsgremien zu wählen, die die Handlungsfähigkeit der SED als gleichberechtigte Partei im Prozeß der Erneuerung der Gesellschaft gewährleisten. Der Parteitag muß den endgültigen Bruch mit dem stalinistischen System und dem von ihm hervorgebrachten Machtmonopol und Machtmißbrauch vollziehen.

Über den Modus der Fortsetzung des Parteitages und den Zeitpunkt der Rechenschaftslegung des alten Zentralkomitees werden die Delegierten entscheiden."

Eine auf Zermürbung bedachte Nachtsitzung steht bevor. Wer die bessere physische Konstitution hat, wer im entscheidenden Moment das entscheidende Wort in der richtigen Formulierung und in der richtigen Tonlage an die Delegierten richtet, wird das Ergebnis des Parteitages, die ganze künftige Richtung bestimmen, die die Partei nimmt.

Der Arbeitsausschuß hat ein übermenschliches Pensum
zu bewältigen. Gregor Gysi über die Tage zwischen
dem 3. und dem 8. Dezember 1989:
Nun hatte ich nicht nur den Bericht der Untersuchungskommission am Hals, sondern auch noch ein politisches Grundsatzrefe-
rat. Also stürzte ich mich zunächst darauf, wobei mir die Gedanken für einen „Dritten Weg" der DDR jenseits von stalinisti-
schem Sozialismus und von der Herrschaft transnationaler Mo-
nopole sehr halfen. Auch der Statut-Entwurf der WF-Plattform
zeigte sich in meinen Augen als sehr geeignet, eine moderne sozialistische Partei zu beschreiben, wie ich sie mir vorstelle: Eine
Partei, die ihre Einheit aus dem Wettstreit der Ideen aller ihrer
Mitglieder, ihren Plattformen und innerparteilichen Strömungen
gewinnt. Eine Partei, die Einheit nicht als Geschlossenheit, sondern als Offenheit gegenüber allen demokratischen Bewegungen und allen Menschen versteht. Ich meinte, dahin könnte man
durch Erneuerung der SED kommen. Eine Auflösung und Neugründung lehnte ich ab. Dabei gingen mir verschiedene Gedanken und Befürchtungen durch den Kopf: Etiketten-Schwindel;
sich aus der Verantwortung stehlen; politisches Vakuum; politische und soziale Folgen; totale Arbeitslosigkeit des Apparates,
Gefahren für Mitarbeiter in parteieigenen Betrieben, Verlust des
Parteieigentums.

Vor allem ging es aber natürlich um dieses Land, diese ge-
beutelte DDR. Zwei Prämissen: Erstens brauchten wir einen voll-
ständigen Bruch mit dem gescheiterten stalinistischen, also ad-
ministrativ-zentralistischen Sozialismus. Zweitens meine Sorge:
Wir dürfen den demokratischen Aufbruch und das Selbstbestim-
mungsrecht der DDR-Bevölkerung nicht verspielen.

Das umzusetzen war aber gar nicht einfach. Denn die öko-
nomische und politische Krise hatte die Möglichkeiten der
Selbstbestimmung sehr eingeengt. Zum anderen orientierten
sich seit dem 9. November, seit dem Fall der Mauer, immer
mehr DDR-Bürger aus eigener Anschauung am erfolgreichen
Modell BRD.

Als ich über all das nachgrübelte in der verdammt kurzen
Zeit, die ich zur Vorbereitung hatte, glaubte ich noch, die Materialien für den Untersuchungsbericht würden mir überbracht.
Sie wurden mir auch gebracht: Eine Stunde vor Beginn des Außerordentlichen Parteitages – keine Übertreibung! – drückte
man mir einen Zettel mit handgeschriebenen Stichpunkten in
die Hand, mit denen ich zum Teil gar nichts anfangen konnte.

Nun hoffte ich, Hans Modrow hält eine lange Rede, so daß

ich in der Zeit aus den Stichpunkten etwas machen konnte. Modrow aber sprach sehr kurz. Anschließend mußte ich nach vorn und begann zu reden. Das ging auch einigermaßen flüssig, bis ich an die Stelle mit dem Untersuchungsausschuß kam. Und da hörte jede Flüssigkeit auf, weil ich mir erst in der Rede die Stichworte übersetzen und dann versuchen mußte, daraus irgendwie Sätze zu bauen. Es war eine Katastrophe. Bis zum Schlußteil, den hatte ich ausgearbeitet – handschriftlich, auch auf einem Wust von Zetteln. Der war dann – glaube ich – wieder ganz in Ordnung. Zumindest konnten die Delegierten ganz gut mit ihm leben, während beim Mittelteil Ungeduld aufkam. Aber auf den Untersuchungsbericht hatten sie ja vor allem gewartet, die Stimmung war damals so.

Wolfgang Berghofer hat sich Anfang Januar einmal im Parteivorstand damit gerühmt, die Nachtsitzung sei seine Idee gewesen, um die Delegierten durch Erschöpfung zu beruhigen. Ob das stimmt – daran kann ich mich nicht mehr entsinnen. Nach meiner Erinnerung ging es bei der Frage darum, daß wir meinten, wir können nicht einen Parteitag am Freitagmorgen beginnen und wieder als selbstverständlich voraussetzen, daß alle, die zum SED-Parteitag fahren, von der Arbeit freigestellt werden. Es gehörte schon zum Neuen, daß wir ihn in die arbeitsfreie Zeit legten. Deshalb Beginn erst am Freitagabend. Nicht zuletzt sollte dieser Zeitplan auch das Außerordentliche und Außergewöhnliche zeigen, sollte er uns zu besonderer Leistung und Konzentration zwingen. Außerdem dachten wir ja, die erste Runde auf die Berichte und die Wahl zu beschränken, um eine Woche später dann mit Inhalten, auch mit einem richtigen Referat, fortzusetzen.

Das war leichter geplant als getan. Am dramatischsten fand ich die Diskussion der Namensfrage, die äußerst strittig war – strittiger noch als die inhaltlichen Probleme. Dazu brauchten wir irgendwie einen Kompromiß. Ich ging damals davon aus: Wenn die Partei sich jetzt nicht wieder fängt, dann entsteht ein Vakuum, in das letzten Endes nur rechte Kräfte eindringen können. In gewisser Hinsicht hat sich das auch bestätigt.

Dringenden Handlungsbedarf sahen wir schließlich, als wir während der Nachtsitzung den Eindruck gewannen, daß der Parteitag sich jetzt in der inhaltlichen Auseinandersetzung so zerfleischt, daß wir zur Wahl gar nicht kommen, daß er also seine eigentliche Aufgabe nicht erfüllt, sondern das vorwegnimmt, was für die Woche danach vorgesehen war und auf das wir noch gar nicht ausreichend vorbereitet waren. Dann bliebe die Partei ohne Leitung und das Chaos würde in einer Weise forciert werden, daß wir an allen Ecken und Enden eine völlig unterschiedliche Politik haben würden. Daraus wäre auch die Gefahr entstanden, daß das Chaos im Land ein Ausmaß annimmt, in dem dann möglicherweise Blutvergießen und Gewalt nicht mehr zu verhindern gewesen wären. Das war ja unsere erste Sorge.

Natürlich war die Vorstandswahl, die wir nach der Rede, die Hans Modrow in der geschlossenen Sitzung gehalten hatte, durchsetzen konnten, ein Abenteuer. Man kannte ja wirklich niemanden. Auch nach meinem Eindruck wurde bei der Abstimmung gestrichen nach dem Gefühl oder nach dem Prinzip: immer den Dritten eines Bezirkes. Wer im Alphabet Pech hatte, der fiel heraus. Aber was wollte man denn auch für ein Kriterium nehmen? Das war auch meine Sorge. Als wir vor dem Parteitag im Arbeitsausschuß auf dieses Problem kamen, sagte ich, wir müßten doch erst zu einer Partei werden, in der man mit den Namen und Personen etwas anfangen kann. In der man von einem Kandidaten weiß, was er getan hat und tun will, wie er denkt, wo in der Partei er steht. Dann könnte wirklich gewählt werden. Dafür fehlten aber alle Voraussetzungen.

Ich hatte mir auch gewünscht, daß sich für die Wahl des Vorsitzenden zwei Kandidaten stellen und nicht nur ein Gregor Gysi. Aber es war kein zweiter zu finden, der bereit gewesen wäre, das Risiko einzugehen.

In der zweiten Parteitagsrunde mußte dann der neue Name der Partei gefunden und beschlossen werden. Diese Frage bestimmte die Diskussion – trotz der für meine Begriffe guten Referate von Dieter Klein zur Programmatik und von Michael Schumann zur Vergangenheitsaufarbeitung. Jeder Redner nahm zur Namensfrage Stellung. Plötzlich stand ein Delegierter auf und fragte, ob mit der Entscheidung über den Doppelnamen etwa die Diskussion über die Auflösung der Partei beendet ist, weil er eigentlich gekommen sei, um die Auflösung zu fordern. Da wurde uns klar, daß wir uns auch über den Namen spalten könnten, und so setzten wir eine Pause an. Wir wußten nicht so recht, was wir machen sollten. Wir hatten keine Namenskonzeption. Wir hatten drei verschiedene Namen: Partei des Demokratischen Sozialismus, Deutsche Sozialistische Partei, Sozialistische Partei. Und wir meinten, daß ein Zerfall der Partei für das Land gefährlich gewesen wäre. Also wurde ich wieder in die Bütt geschickt, um den Delegierten die Lage vor Augen zu führen. Mit einem Kompromiß, der sich dann auch durchsetzte. Ich war erleichtert, als ich dann ziemlich schnell der wieder in den Saal geholten Presse erklären konnte: „Dieser Parteitag ist nicht bereit, sich wegen des Namens zu spalten. Er ist der Meinung, daß die endgültige Entscheidung über den Namen nach Befragung aller unserer Mitglieder in den Grundorganisationen erfolgen muß . . . Diejenigen, die heute noch Mitglied dieser Partei sind, bekennen sich zu ihrer Geschichte und sind nicht bereit, sich aus ihrer Verantwortung zu stehlen. Sie bekennen sich aber zu dem hier vollzogenen Bruch mit dem Stalinismus und zum ernsthaften Neubeginn. Um beiden Gesichtspunkten gerecht zu werden, haben wir entschieden, unseren bisherigen Namen zu ergänzen. Bis zu einer anderen Entscheidung heißen wir Sozialistische Einheitspartei Deutschlands/Partei des Demokratischen Sozialismus."

Für mich war es ein erster wichtiger Erfolg als Parteivorsitzender, die Spaltung verhindert zu haben. Dabei sah ich den Kompromiß nicht als faul an. Es war ja wirklich vieles, was rechtlich unklar war. Und es erschien mir sehr wohl eine Frage der Ehrlichkeit zu sein, daß wir den Prozeß unserer Veränderung auch im Namen deutlich machten.

Eine andere Sicht auf die praktischen Fragen hatte sich
bei der WF-Plattform entwickelt. Thomas Falkner:
Über die Entscheidung des Arbeitsausschusses war die Plattform WF vorab informiert. Mich erreichte die Nachricht etwa anderthalb Stunden vor der ADN-Meldung verschlüsselt über Telefon, mitten in einer Sitzung der Zentralen Parteileitung im DDR-Rundfunk. Es ist klar: Die eigentlich erst für die nächste Woche geplante Arbeit an Vorstellungen für eine eigene Parteitagsregie der Plattform muß jetzt, muß sofort beginnen. Aber nicht am Telefon. Nur kurz wird abgestimmt, daß ich eine Erklärung zur „faktischen Neugründung" der Partei entwerfe, die dann als Antrag der Plattform an den Parteitag eingebracht werden kann.

Unsere Grundposition war in der Erklärung vom 5. Dezember klar umrissen und hatte nach wie vor Gültigkeit. Sie korrespondierte durchaus mit der von Gregor Gysi. In der Erklärung hieß es: „In Anbetracht der Lage im Lande und des realen Zustandes unserer Partei rufen wir alle jetzigen und ehemaligen Mitglieder der Partei auf, parteipolitische Ambitionen, innerparteiliche Auseinandersetzungen und ihre persönliche Befindlichkeit zurückzustellen hinter die Verantwortung für die Fortexistenz unseres Landes und zur Sicherung der Lebensfunktionen der Gesellschaft." Einen schlichten Zerfall der Partei hielten wir also in der damaligen Situation für nicht verantwortbar. Auch eine Spaltung stand nicht ganz vorn auf der Prioritätenliste und kam ohnehin nur in Frage, wenn der altkonservative Flügel auf dem Parteitag zu siegen drohte und wenn durch eine Spaltung ein wirkliches, effektives Gegengewicht gegen die dann drohende militante Re-Stalinisierung hätte geschaffen werden können. Wenn ich in diesen Tagen mit der Plattform nahestehenden Künstlern und Intellektuellen Gespräche führte oder anzuknüpfen suchte, um auch aus diesem Bereich Partner für einen denkbaren Gründungsaufruf zu einer neuen Partei zu finden, so waren wir uns innerhalb der Initiatorengruppe der WF-Plattform durchaus in dem Ziel einig, diese neue Partei aus den gesunden Kräften der alten SED heraus zu entwickeln.

Nach mehreren Beratungen mit Parteitagsdelegierten aus allen Teilen der Republik war uns die Lage in der Partei, war uns die auf dem Parteitag zu erwartende Situation relativ klar. Stellte man den Einfluß der zur Plattform WF nicht gestoßenen konservativen Kräfte in Rechnung, so war eigentlich in keiner der entscheidenden Fragen Einigung zu erzielen. Jede wirklich grundsätzliche Diskussion mußte zum Auseinanderdriften der einzelnen Gruppen und Grüppchen führen. Im Moment konnte die Einigung eigentlich nur im Atmosphärischen liegen, aus der Situation heraus herbeigeführt werden — wie in der ersten Nacht der WF-Plattform. Auch später stellte sich heraus, daß wir eigentlich immer nur mit unseren auf den Augenblick fixierten, populär gehaltenen Erklärungen und nicht mit den konzeptionellen Angeboten wirklichen Erfolg bei den Delegierten erzielten.

Unter bewußter Einbeziehung der politisch sehr heterogenen Parteileitung im Rundfunk entwarf ich einen Kompromißtext, der später mit nur geringfügigen Änderungen von der Plattform vorgelegt und mit Unterstützung von weit mehr als der notwendigen Zahl von 37 Delegierten als Antrag an den Sonderparteitag eingebracht wurde.

Das Papier beschreibt auch aus heutiger Sicht ziemlich genau, wie wir und viele andere in der Partei die damalige Situation sahen, was wir für notwendig hielten. Es hatte folgenden Wortlaut:

„Im Wissen um die dramatische Lage in unserer Partei und in unserer Gesellschaft wollen wir mit diesem Papier ein politisches Signal setzen, welchen Weg wir mit der Partei ab heute und ohne Zeitverzug beschreiten wollen. Wir wenden uns damit an alle Mitglieder unserer Partei und an das Volk der DDR.

Entgegen ihren politischen und moralischen Idealen und Werten sind die Mitglieder der SED in der Vergangenheit von einer kriminellen Politmafia in den Führungsetagen der Partei und deren Erfüllungsgehilfen skrupellos mißbraucht worden. Ehrliche, für die Lebensinteressen des Volkes arbeitende Menschen wurden zur Fassade degradiert, hinter der Selbstsucht und Menschenverachtung immer mehr auswucherten. Mit Verbrechern im Rücken mußten all unsere Versuche letztlich scheitern, das Gesicht offen und ehrlich dem Volk zuzuwenden. In diesem Konflikt ist unsere Partei in ihren Grundfesten zerstört, sind viele unserer Genossen innerlich zerrissen worden. Der Name unserer Partei — einst gedacht als Symbol des Sieges der Vernunft in der Arbeiterbewegung — wurde in den Schmutz getreten und mit dem Fluch der Verfassungswidrigkeit belegt. Wir stehen an einem Scheideweg:

Entweder eine wie auch immer gestaltete Neuauflage der alten Verhältnisse in der Partei und damit ihr endgültiges politisches Ende.

Oder der kompromißlose Bruch mit den alten Strukturen, Denk- und Verhaltensweisen und damit die Hoffnung, dem Volk des Landes als politische Kraft wieder vor die Augen treten zu können.

Uns eint jetzt nur noch das Gefühl der Verantwortung dafür, durch den Zerfall unserer Partei nicht den Zerfall der Gesellschaft heraufzubeschwören. Uns eint das Ziel, das Volk der DDR nicht einer Zwei-Drittel-Gesellschaft auszuliefern, in der faschistische Strömungen wieder hoffähig werden und in der es dann vollständig und endgültig um die Früchte vierzigjähriger harter Arbeit gebracht würde. Wir wollen dem Volk der DDR die Heimat erhalten, für die es voller Aufopferung gearbeitet hat. Wir wollen, daß die DDR wirklich zu einem Staat des Volkes wird, indem wir für einen Sozialismus mit menschlichem Antlitz kämpfen. Wir wollen die DDR als einen sozialistischen Staat in Deutschland und in einem gemeinsamen europäischen Haus.

Mit diesen Zielen kann unsere Partei keine Sozialistische Einheitspartei Deutschlands mehr sein. Sie muß eine sozialistische Partei in der DDR werden. Sie achtet bedingungslos die im Zuge der Volksrevolution sich erneuernde Verfassung dieser Republik. Sie kämpft dafür, daß

1. die von der Revolution durchgesetzte volle Souveränität des Volkes der DDR gewahrt und die Persönlichkeitsrechte des Individuums demokratisch garantiert werden,

2. das Volkseigentum in den Schlüsselindustrien erhalten bleibt und verfassungsmäßig weiter gesichert wird,

3. die von der Volksrevolution erzwungene breite demokra-

tische Verfügbarkeit über dieses Volkseigentum in den Schlüsselindustrien erhalten bleibt und verfassungsmäßig gesichert wird,

4. das allgemeine Recht auf Arbeit erhalten bleibt und verfassungsmäßig gesichert wird,

5. die Natur unseres Landes erhalten bleibt und vor Zerstörung bewahrt wird,

6. der Wille der Menschen, in Frieden zu leben, Grundlage der Politik ist,

7. in der Gesellschaft der DDR Faschismus, Rassismus und Ausländerfeindlichkeit geächtet sind.

Wer sich diesen Grundsätzen verbunden fühlt, ist unser Partner. Diese sozialistische Partei versteht sich als eine Partei neben anderen. Wir streben nach einem eigenständigen Platz in einem lebendigen System gleichberechtigter, einander befruchtender politischer Parteien und Kräfte. Über deren Rolle in der Gesellschaft sollen allein und immer wieder die Wähler entscheiden. Unsere Partei wird sich in ihrem politischen Handeln nicht von abstrakten politischen Lehrsätzen leiten lassen. Sie will Interessenlagen des Volkes produktiv machen, konzeptionell aufarbeiten und in die politische Debatte mit anderen einbringen. Dabei stützen wir uns auf das von stalinistischen Verzerrungen befreite geistige Erbe von Marx, Engels, Lenin, Luxemburg und anderen linken Humanisten. Wir verstehen uns als eine von mehreren linken Parteien in der DDR. Unsere neue Partei hat ihre Wurzeln in der kommunistischen und in der sozialdemokratischen Bewegung. Das betrachten wir als Chance zur Zusammenarbeit und Partnerschaft mit Sozialdemokraten innerhalb und außerhalb der DDR. Der KPdSU und den anderen kommunistischen Parteien fühlen wir uns aus der Tradition heraus und in dem Bestreben um einen Sozialismus mit menschlichem Antlitz besonders verbunden."

Nachdem bis hierhin vor allem allgemeine Stimmungen und Wünsche beschrieben und quasi durch die Hintertür ein neuer Parteiname – sozialistische Partei – eingeführt worden war, ging es im abschließenden Passus um die heiß umstrittenen Modalitäten der „faktischen Neugründung":

„Wir wenden uns an alle, die mit uns eine moderne sozialistische Partei wollen. Findet Euch in Euren Grundorganisationen in Betrieben und Wohngebieten zusammen und wählt Leitungen Eures Vertrauens. Bestätigt das Mandat von Delegierten des Außerordentlichen Parteitages, damit sie in den Kreisen und Bezirken die Geschäfte der neuen Partei in den Monaten bis zum Ordentlichen Parteitag führen können. Beruft die Mitglieder und Kandidaten der bisherigen Kreis- und Bezirksleitungen der SED ab. In deren hauptamtlichen Apparaten und im Apparat des ehemaligen Zentralkomitees kann es keine Grundorganisationen der sozialistischen Partei geben. Dort bislang angestellte Genossen bewerben sich um Aufnahme in anderen Grundorganisationen und werden von den Mitgliedern der neuen Partei geprüft. Personen, die vor dem 18. Oktober 1989 dem Politbüro und/oder dem Sekretariat des ZK der SED angehört haben, können nicht Mitglieder der neuen sozialistischen Partei werden. Unsere moderne sozialistische Partei wird es nicht dulden, daß sich jemals wieder Führungsorgane und Parteiapparate zur Diktatur über die Basis erheben."

Dies war eigentlich die Stelle, an der sich entschied, ob man eine wirklich neue Partei oder nur eine erneuerte, modernisierte SED wollte. Wäre die Partei den von der Plattform WF vorgeschlagenen Weg gegangen, so

– hätte es unverzüglich eine wirkliche Neuformierung von der Basis her gegeben;

– wäre dem Sturz von Politbüro und Zentralkomitee die Entmachtung der bisherigen Kreis- und Bezirksleitungen gefolgt;

– wäre der alte Parteiapparat als eigenständige Kraft zerschlagen und der Kontrolle und dem Urteil der Basis unterworfen worden, wobei sich der Schlag nicht gegen die Individuen im einzelnen und pauschal gegen ihre persönliche und politische Integrität richtete, sondern gegen die Zwänge, in denen auch sie gefangen waren;

– wäre es zum sofortigen Bruch mit den für die stalinistische Ausformung des Real-Sozialismus Verantwortlichen gekommen, während wirkliche Reformkräfte aus der erweiterten SED-Spitze wie Modrow, Willerding, Höpcke oder auch Herger durchaus als politisch aktive Persönlichkeiten erhalten geblieben wären.

Zudem hatte die Plattform WF einen zweiten, eng damit verbundenen Antrag vorbereitet und mit Unterstützung einer großen Zahl von Delegierten eingereicht, der auf die nächsten, drängenden Tagesfragen der Politik orientierte:

„Der außerordentliche Parteitag beauftragt das provisorische Leitungsgremium zu versuchen, mit anderen Parteien und demokratischen Bewegungen einen Konsens in folgenden Politikbereichen herzustellen:

1. Beim Schaffen staatlicher Rahmenbedingungen in der Wirtschafts- und Sozialpolitik, die deren effektives Funktionieren gewährleisten und ökologische Erfordernisse berücksichtigen.

2. Zur Gewährleistung der staatlichen Eigenständigkeit der DDR bei Nichtausgrenzung einer Deutschen Konföderation im Rahmen einer Europäischen Friedensordnung. Nichtausgrenzung der Diskussion über einen zukünftigen einheitlichen deutschen Staat.
   3. Zur Durchführung und Gewährleistung freier und geheimer Wahlen zur Volkskammer und zu möglichen Länderparlamenten – Wiederherstellung der Länderkammer.
   4. Zur Verfassungsänderung unter besonderer Berücksichtigung der Trennung von Legislative, Exekutive und Gerichtsbarkeit sowie zur Schaffung eines Verfassungsgerichtes und von Verwaltungsgerichten.
   5. Reorganisation der Verwaltung und innere territoriale Neugliederung der DDR; Wiederherstellung der Länder.
   6. Zu Prinzipien der Justiz- und Polizeireform.
   7. Zur Ausrichtung der Militärpolitik im Rahmen einer Europäischen Friedensordnung – Militärreform.
   8. Zu Prinzipien, nach denen die Bildungs- und Kulturpolitik – einschließlich der Massenkommunikationspolitik – auszurichten sind.
   9. Zur Festlegung des weiteren außenpolitischen Kurses."
   Tief in der Nacht war die Entscheidungssituation urplötzlich da. Nach einer nur in wenigen Beiträgen Neues bringenden Diskussion, einer endlosen, in unterschiedlicher Weise emotional gefärbten Beschreibung der Misere in Land, Partei und eigener Seele durch eine Vielzahl von Delegierten, stellte unvermittelt jemand von einem Saalmikrofon aus den Antrag, jetzt zur Auflösung der SED zu schreiten und die Gründung einer neuen Partei vorzubereiten.
   Die Kongreßregie schien mir in diesem Moment geradezu perfekt. Ehe die durch die dahinschippernde Debatte und die späte Stunde schon ermüdeten Delegierten überhaupt erfaßten, daß jetzt zur Debatte stand, weswegen sie eigentlich nach Berlin gekommen waren, ehe sie sich das Recht zur Diskussion darüber erzwingen konnten, unterbrach Tagungsleiter Berghofer die Sitzung. Das Präsidium – im wesentlichen der Arbeitsausschuß, allerdings ohne Andreas Thun – müsse sich beraten.
   Alles rennt quirlig hin und her. Das Durcheinander erschwert es mir zugleich, an Gregor Gysi heranzukommen – den, wie wir schon wissen – vermutlich neuen Mann an der Spitze der Partei. Der Antrag unserer Plattform liegt auf seinem Stapel von Unterlagen ganz oben auf. Wir sind uns vorher nie persönlich begegnet, also stelle ich mich vor, biete mich an, im

Namen der Plattform den Antrag zu erläutern, auch im Präsidium. Erkläre, wie sich mit dem Papier ein Kompromiß zwischen Befürwortern und Gegnern einer Auflösung der Partei durch die konkrete Beschreibung der „faktischen Neugründung" erzielen läßt. Verweise auf unseren zweiten Antrag, ausgearbeitet von Wernfried Maltusch, zu dringenden aktuellen Aufgaben für das zu wählende provisorische Leitungsgremium. Beide gehören eng zusammen.

Während des Gesprächs gehen wir auf ein Beratungszimmer zu, kurz davor werden wir im Gedränge getrennt. Man werde mich bei Bedarf rufen, wird mir aus der Gegend der Tür mitgeteilt.

Doch das geschah nicht. Die Anträge der Plattform, der immerhin bekanntesten Basisbewegung jener Tage, wurden niemals zur Abstimmung gestellt. Als ich es noch in der Nachtsitzung vom Parkett aus versuchte, erhielt ich kein offenes Mikrofon.

Überhaupt wurde jede freie Diskussion über Auflösung oder Nicht-Auflösung vermieden. Und dies, obwohl in den letzten Tagen Emissäre aus Berlin in allen Bezirken vor den Delegierten gesprochen und die Folgen einer Auflösung der SED in schwärzesten Farben gemalt hatten: vor allem das Parteieigentum − so wurde den noch schwankenden Delegierten eingetrichtert − sei dann gefährdet, das Eigentum, in dem all die Beitragsgelder so vieler ehrlicher Genossen steckten. Und dies zu einem Zeitpunkt, wo die Partei − in Bedrängnis geraten − ihres Vermögens so dringend bedurfte.

Beides waren in meinen Augen Manipulationen: Eine parallel vorgelegte interne Rechnung wies aus, daß die Beitragsgelder in der Regel voll für die Bezahlung des gigantischen Parteiapparates aufgebraucht wurden.

Und was das Eigentum anging, so stand es einer sich erneuernden Partei nicht nur gut an, sich von dem auf nicht immer klare Weise zustandegekommenen Vermögen zu distanzieren. Wollte sie den Abschied von der Rolle als Staatspartei wirklich ernsthaft vollziehen, so brauchte sie auch keine Vermögenswerte in altem Umfang mehr. Es gab also durchaus ernst zu nehmende Argumente gegen die vom Arbeitsausschuß nicht ohne Erfolg vorgetragene Linie gegen eine Auflösung der Partei.

So setzte der Ausschuß schließlich − im Grunde genau wie die Plattform WF, wenn auch aus anderen Motivationen − darauf, daß zunächst nur über einen emotionalen, stimmungsgefärbten Zugang Einigkeit unter den Delegierten zu erzielen war und nutzte seinen Vorteil, die Parteitagsregie bestimmen zu können. In Wolfgang Berghofer fand sich dafür auch ein sehr geschickter Mann.

So kommt es nach der Pause zu einer nicht öffentlichen Sitzung. Die Journalisten werden hinausgeschickt, die Türen geschlossen. Nur ein Pfiffikus läßt sein Aufnahmegerät stehen, so daß draußen doch mitgehört werden kann. Ans Rednerpult tritt Hans Modrow, seit längerem der Geheimtip der westlichen Medien als Reformer und Gorbatschowianer, jetzt Ministerpräsident, der bescheidene Hans, ein Mann mit Popularitätsbonus, der von vielen schon lange herbeigehoffte Generalsekretär. Um die komplizierte Situation auf dem Parteitag, aber auch in der Partei insgesamt in Griff zu bekommen, machte Modrow nichts weiter, als sie in einer für mich schockierenden Weise zu versimpeln: Für ihn ging es um nichts weiter als um die Wahl eines neuen Leitungsgremiums. Modrow mobilisierte alles, was die Delegierten in ihrem Innersten packen konnte: Zitate von Egon Bahr bis Michail Gorbatschow, Vorgänge in der Partei von Honecker und Mittag bis zu Krenz und seinem Versagen.

„Und jetzt, Genossen", rief er dem Plenum in mehreren Variationen zu, „in dieser Phase stehen wir, die Delegierten dieses Parteitages in derselben Verantwortung, die lautet: Es darf uns jetzt nicht an Konsequenz und Entschlossenheit fehlen, einen Vorstand zu wählen, eine Leitung, mit der wir arbeiten können." Modrow hämmerte den Delegierten ein: „Wenn bei der Schärfe der Angriffe auf unser Land dieses Land nicht mehr regierungsfähig bleibt, weil mir, dem Ministerpräsidenten der Deutschen Demokratischen Republik, keine Partei zur Seite steht, dann tragen wir alle die Verantwortung dafür, wenn dieses Land untergeht!"

Von den größtenteils völlig verwirrten, verunsicherten, unter der Last von Verantwortung, Sorge und Unerfahrenheit nahezu zusammenbrechenden Delegierten gab es keinerlei Widerstand gegen diesen Coup, nachdem Berghofer den Beifall für Modrow sofort als Zustimmung zur sofortigen Wahl eines Vorstandes per Akklamation deutete.

Dann kam der nächste Coup: Im Arbeitsausschuß hatte man sich schon vorher geeinigt, einen Vorstand von 100 Mitgliedern wählen zu lassen. Dieses eindeutig überdimensionierte Gremium sollte die Leitung werden, „mit der wir arbeiten können", wie Modrow gemeint hatte. Auf meine Frage, wie denn ein Vorstand dieser Größe angesichts der drängenden operativen Aufgaben überhaupt arbeitsfähig sein solle, antwortete mir Tagungsleiter Berghofer mit seinem kalten Charme, dies frage er sich auch schon seit Tagen, und fuhr dann sein Programm einfach weiter.

So begann ein im Grunde unwürdiges Schauspiel. Die Delegierten der einzelnen Bezirke zogen sich in den windigen Wandelgängen, im Foyer und in den Ecken der nur recht und schlecht der Sportplatz-Atmosphäre beraubten Werner-Seelenbinder-Halle getrennt zurück, um über ihre Kandidaten für den neuen Parteivorstand zu „beraten". In einigen Bezirken, zum Beispiel in Dresden, war dies wenigstens einigermaßen vorbereitet: die potentiellen Kandidaten brauchten ein positives Votum ihrer Grundorganisationen, stellten sich bei Vorbesprechungen der Delegierten kurz mit ihren Auffassungen von Vorstandsarbeit vor, mußten Fragen zu Person und politischem Werdegang beantworten, ehe sie auf die Liste kamen.

Anders in Berlin. Dort hatte zwar am 7. Dezember 1989 auch eine Vorberatung der Delegierten stattgefunden, doch war sie durch Auseinandersetzungen um den auf seinem Parteitagsmandat beharrenden ehemaligen Stasi-Chef und um die Rolle des ebenfalls zum Parteitag delegierten Günter Schabowski, durch Debatten über die zweifelhafte Finanzabrechnung des ehemaligen ZK und über die von der Mehrheit gewünschte Beibehaltung des Begriffes „Marxismus-Leninismus" für die geistigen Grundlagen der erneuerten Partei dermaßen aus dem Ruder gelaufen, daß die Nominierung möglicher Vorstandskandidaten zum Schluß nur noch per Zufall und per Zuruf erfolgte. Wer am lautesten genannt wurde, kam auf die Liste. Nicht anders jetzt in der Nacht des Parteitages. Der Berliner Bezirkschef Heinz Albrecht stand auf einem Tisch und las der vor ihm stehenden Delegation die so zustandegekommenen Namen vor. Dazwischen gaben die Delegierten rufend und gestikulierend kund, ob die Nominierung bestätigt war oder nicht. Neue Vorschläge kamen von irgendwem, irgendjemand lehnte ab, schob seinen Nebenmann vor. Für Fragen war keine Zeit. Es gab auch gar kein Bedürfnis dafür, willkürlich schob man Bauern vor, stellte einen Trupp von Parteisoldaten zusammen.

Das Spektakel wiederholte sich im Plenum, bei der sogenannten Vorstellung der weit über hundert Kandidaten. Lediglich der Form war genüge getan, mehr ging nicht, mehr wollte in dieser Nachtstunde kaum jemand. Antreten, abtreten. Die Zinnsoldaten zogen auf. Ohne Marschbefehl, ohne Kompaß, ohne Karte. Es war schließlich völlig unklar, welcher politischen Linie dieser Vorstand folgen sollte, welchen Auftrag er vom Parteitag mitnahm, ob er die Kräfterverhältnisse in der sich jetzt so demokratisch verstehenden Partei widerspiegelte. Und es war immer noch ein Vorstand der SED, die ihre schlimme Vergangenheit zwar benannt hatte, aber nicht zu erkennen gab, wie sie damit fertigzuwerden gedachte. Schlimmer noch: *Ob* sie damit fertigzuwerden gedachte. Hans Modrow hatte dazu in der geschlossenen Sitzung immerhin erklärt, man müsse über viele dieser Dinge noch sprechen, aber auch „ein(en) Schlußstrich . . . ziehen". „Wir können das nicht ununterbrochen und ewig mit uns herumschleppen." Würde also auf diesem Parteitag eine neue Partei entstehen oder nicht?

Ich litt sehr unter dieser Lage und trug mich über Stunden mit dem Gedanken, meine Kandidatur zurückzuziehen. Allerdings bedrängten mich meine Mitstreiter, auch andere Berliner Delegierte und Bekannte aus den Bezirken, den Einzug in den Parteivorstand zu versuchen. Ich tat's, und es gelang.

Andreas Thun hingegen scheiterte, was ein harter Schlag für die Plattform und für die konsequenten Kräfte im Vorstand insgesamt war. Er stand zu weit hinten im Alphabet.

Die Januar-Krise

Zwischen Weihnachten und Neujahr 1989, genau am 28. Dezember, werden im sowjetischen Ehrenmal in Berlin-Treptow Schmierereien an Gedenksteinen entdeckt. „Sprengt das rote Völkergefängnis!" und andere antisowjetische Losungen führen zu Empörung im ganzen Land. Ein Sakrileg ist geschehen, etwas für die DDR bisher Unvorstellbares.

Der Vorfall kommt in eine Situation, in der die Öffentlichkeit äußerst sensibilisiert ist. Allein an diesem 28. Dezember erfahren die DDR-Bürger aus ihren Medien:

– Die Zahl derjenigen, gegen die wegen neonazistischer Aktivitäten ermittelt wird, hat sich der Generalstaatsanwaltschaft zufolge von 185 Personen im Jahr 1988 auf rund 300 im Jahr 1989 erhöht.

– Die gegenwärtige Lage in der Gesellschaft bietet nach Einschätzung der Hauptabteilung Kriminalpolizei im Innenministerium „günstige Bedingungen für die Bemühungen neonazistisch ausgerichteter Gruppen, ihre personelle Stärke zu vergrößern". Und weiter: „Mit aktionsbezogenen Solidarisierungen quer durch die differenzierte Gesamtszene ist . . . zu rechnen."

– Ein aus Angst vor Vergeltung anonym bleibender Experte erklärt in der „Jungen Welt", in der DDR gebe es schon lange eine faschistische Strömung, „und unter bestimmten gesellschaftlichen Konstellationen könne eine solche Strömung schlagartig zum Problem werden". Anfang 1988 habe es in der DDR vielleicht rund 1000 organisierte Neofaschisten gegeben, jetzt seien es viel mehr – noch nicht gerechnet die Zahl der Sympathisanten.

Die SED-PDS reagiert prompt. Nach dem Sonderparteitag und unter dem Eindruck von Meinungsumfragen, die ihr für die nächsten Wahlen um die 30 Prozent der Wählerstimmen – mit Abstand die höchste Zahl bei sehr vielen noch Unentschlossenen – zusprechen, haben die Verantwortlichen in Berlin Mut gefaßt. Für den 3. Januar 1990 rufen sie zu einer Großkundgebung gegen Neofaschismus und Antisowjetismus vor dem Treptower Ehrenmal auf. Ihr schließen sich die Führungsgremien von DBD, LDPD, NDPD und FDGB, das Komitee der Antifaschistischen Widerstandskämpfer, die Gesellschaft für Deutsch-Sowjetische

112

Freundschaft sowie andere Gruppen aus Ost und West an. Überraschenderweise ziehen über 250 000 Menschen an diesem Winterabend in den Treptower Ehrenhain. Die Kulisse erinnert an Aufmärsche vergangener FDJ-Zeiten an derselben Stelle. Dies mag äußerlich erscheinen. Schon ernster wirken die Rituale, die einstudierten Sprechchöre „Nazis raus! Nazis raus!" und „Einheitsfront! Einheitsfront!". Viele in der sehr heterogenen Menge, aber auch unter den Rednern fühlen sich vereinnahmt. Die Stimmung wird zum Politikum, als Sprecher von einigen Teilnehmern ausgepfiffen werden, wenn sie nachdenklichere Töne anschlagen. Denn wohin sollen denn die Nazis, wenn man „Raus!" brüllt? Brauchen wir nicht mehr Auseinandersetzung als Polarisation und Ausgrenzung? Vielen Kundgebungsteilnehmern fehlt die Sensibilität für solche Gedanken. Das wird besonders deutlich, als der LDPD-Vizechef Raspe seinen Beitrag mit der Bemerkung einleitet, er komme gerade vom Runden Tisch, und dafür ausgepfiffen wird. Blanke Stimmungsmache richtet sich auch gegen die CDU, die den Aufruf nicht unterschrieben hat. Fazit: Wer keine harten Töne anschlägt, erscheint im Licht mancher Demonstration als einer, der mit Neonazis paktiert. Wer mit dabei ist, läuft Gefahr, von der SED-PDS in einer Einheitsfront vereinnahmt zu werden, die – ganz im alten Stil – andere Differenzen und Widersprüche ausklammern, ja unterdrücken will.

Die Kundgebung ist ein Flop. Sie wirkt wie ein Katalysator: Die relativ neutrale Stimmung gegenüber der SED-PDS beginnt in eine negative umzuschlagen; auch in der Partei selbst nimmt die Dynamik des Zerfalls wieder zu.

Gregor Gysi über die Lage zu Beginn seiner Amtszeit:
Kaum einer von uns war glücklich über die Art, wie sich die Kundgebung in Treptow abgespielt hatte – weder im Vorstand noch im Präsidium. Einerseits war es natürlich eine tolle Sache, wenn 250 000 Leute zu einer solchen Veranstaltung gegen Neonazismus kamen, zu einer Veranstaltung, zu der wir entscheidend mit aufgerufen hatten.

Fortan mußte ich mich aber sehr dagegen wehren, daß man uns unterstellte, wir seien an neofaschistischen, nationalistischen und antisemitischen Tendenzen interessiert, weil wir davon im Wahlkampf profitieren wollten. Ich fand das schon deswegen so ungeheuerlich, weil Kommunisten und Sozialisten ohnehin die ersten Opfer jeder Art von Faschismus sind.

Auch ich habe damals von „Einheitsfront" gegen Rechtsradikalismus gesprochen, habe von einer „furchtbaren Verantwortung" derjenigen geredet, die sich ihr nicht anschließen wollten, und ich habe gesagt, nun reichten Worte nicht mehr.

Aber ich habe auch gesagt, was ich damit meinte: Aus meiner Sicht ging es vor allem darum, die humanistische Erziehung, die in den letzten Jahren und Jahrzehnten vernachlässigt worden war, wieder zu beleben und zu verstärken. Falsche Feind- und Leitbilder müßten abgebaut und durch menschliche Werte ersetzt werden. Die autoritären Züge unserer Gesellschaft mußten durch radikale Demokratisierung des gesellschaftlichen Lebens von Schule, Hochschule und Erziehung überwunden werden. An diesen Satz erinnere ich mich noch ganz genau: „Für uns ist kein Jugendlicher, der heute noch Neofaschisten nachläuft, auf ewig ein ‚verlorener Sohn'. Wir glauben, jeder kann für Demokratie, Humanismus und Solidarität gewonnen werden." Ich sagte das mit Bedacht, gerade weil ich aus Prozessen gegen Skinheads, die ich verteidigte, rechtsradikale Jugendliche und ihre Herkunft besser kannte als manch anderer.

Diese Worte hatten nichts mit der Intoleranz und den simplen „Nazi-raus"-Rufen zu tun, wie sie während der Kundgebung – sowohl bei Rednern als auch im Publikum – immer wieder hochkamen. Wo sollten sie denn hin, die bei uns zu Neonazis gewordenen Jugendlichen? Nach drüben? Hätte sich dort ihr Problem gelöst? Was wäre an einer solchen Linie anders gewesen als an der Ausgrenzungspolitik der alten Führung?

Es gab aber noch mehr alte Rituale, das Schulmädchen zum Beispiel mit der vorgefertigten, noch nicht einmal altklugen, sondern einfach viel zu erwachsenen Rede. So etwas kannten wir noch zu gut.

Diese ganze Atmosphäre hat auch bei vielen Parteimitgliedern die Sorge geweckt, auch wir könnten aus dem alten Trott nicht herauskommen. Diese Aspekte der Treptower Veranstaltung waren für die Partei schon eine schlimme Sache, nachdem die zweite Runde des Sonderparteitages vielen wieder Hoffnung gegeben hatte. In den Wochen danach setzte dann aber erneut Enttäuschung ein, weil viele Mitglieder keine Veränderungen spürten. Eine weitere Austrittswelle rollte über die Partei hinweg. Zugleich nahmen die Angriffe auf Partei und Parteimitglieder erheblich zu.

Gesagt werden muß aber auch, daß wir reichlich konzeptionslos waren. Im Arbeitsausschuß hatten wir uns auf diesen Parteitag vorbereitet, aber nicht auf die Zeit danach. Und die Leitung der Partei, das Präsidium, bestand aus lauter Leuten, die anderswo Verpflichtungen wahrzunehmen hatten, die also einfach nicht da waren. Lothar Bisky war Rektor der Hochschule für Film und Fernsehen in Potsdam, Marlies Deneke und Wolfgang Pohl waren noch in Magdeburg, Hans Modrow leitete seine Regierung, Helmar Hegewald und Wolfgang Berghofer saßen in Dresden – die kamen natürlich alle irgendwann mal nach Berlin, aber sie mußten wirklich auch noch andere Aufgaben erfüllen. Die einzigen, die ständig im Großen Haus arbeiteten, waren Klaus Höpcke, Jochen Willerding und ich. Erst allmählich bekamen wir ein arbeitsfähiges Präsidium, erst allmählich pegelte sich jeder auf seinen Arbeitsbereich ein.

Auch habe ich mich mit den Regierungsmitgliedern aus der SED-PDS erst ziemlich spät das erste Mal getroffen – was sie mir besonders übelnahmen. Ich erinnere mich noch wie heute: Wir saßen an einem Freitagabend zusammen. Ich wollte ihre Probleme hören und aus meiner Sicht die Probleme der Partei schildern. Aber ich bin arg beschimpft worden, so arg, daß ich mich am nächsten Morgen ernsthaft gefragt habe, warum ich das eigentlich alles aushalten muß, ob ich es nicht besser lasse. Das zweite Gespräch – gleich am Montag darauf – lief dann deutlich besser. Ich merkte, daß die Minister psychologisch in einer ganz schwierigen Situation waren, daß sie sich am Ende ihrer Kräfte sahen. Sie wußten auch nicht mehr so recht, wie sie die Geschicke des Landes in ihren Ressorts noch richtig leiten sollten. Alles hing an Hans Modrow, jedes Problem wurde ihm persönlich vorgelegt. Und es war unheimlich kompliziert, die Sachprobleme zu entscheiden.

In dieser Zeit prägte sich auch das persönliche Verhältnis zwischen Hans Modrow und mir heraus. Ich lernte ihn besonders schätzen – als einen wirklichen Kämpfer, aber auch als einen verletzlichen Menschen. Ein „politischer Vater" – wie manche vermuten – war und ist er für mich nicht. Er hätte das vielleicht werden können, dazu fehlte aber die Zeit. Er war zu sehr mit der Regierungstätigkeit beschäftigt, ich zu sehr mit der Partei. Wir stehen aber auch nicht in Konkurrenz zueinander. Wir sind eine in sich solidarische Partei und werden nicht umsonst von anderen darum beneidet.

Hans Modrow ist für mich Geschichte dieses Landes. Und er ist jemand, der den Beweis dafür angetreten hat, daß man auch so komplizierte Funktionen wie die eines SED-Bezirkschefs durchaus mit Anstand ausüben und dabei bescheiden bleiben konnte – wenn man den Mut dazu hatte! Damit sagt er viel über dieses Land DDR und viel über seine Bürger. Er sagt eben auch: Man kann mit seiner Biografie leben, man muß sich nicht schä-

115

men, hier gelebt und Verantwortung getragen zu haben. Modrow hat sich keine Villen besorgt – weder als SED-Funktionär noch in seiner Zeit als Ministerpräsident. Bei der Regierung nach ihm sah das schon wieder anders aus.

Während Hans Modrow sich voll auf die Regierungsarbeit konzentrierte, hatte die Parteiführung alle anderen Verpflichtungen abzudecken – parteiintern wie auch gegenüber der Gesellschaft.

So tagte damals der Runde Tisch. Ständig mußten ich und später auch andere zu Fragen Stellung beziehen, mit denen wir uns vorher noch nie beschäftigt hatten, uns noch gar nicht hatten beschäftigen können. Dennoch: Obwohl unsere Vorbereitung mit die schlechteste war, haben wir dort nicht die schlechteste Rolle gespielt. Aber vieles kam eben eher aus dem Bauch und nicht aus irgendwelchen konzeptionellen Vorstellungen.

Schließlich versäumten wir in der Hektik des Januar 1990, rechtzeitig den Parteivorstand einzuberufen. Aus heutiger Sicht kann ich nicht mehr erklären, warum. Sicher, da war Weihnachten, aber daran hing es nicht. Berghofer, Modrow und ich hatten eine Beratung geplant, so etwa zwischen den Feiertagen. Zwei Tage lang wollten wir uns in Ruhe Gedanken machen, wie es mit unserer politischen Arbeit weitergehen sollte. Die Zeit lief rasend dahin. Angesichts des vielen Neuen, der sich überschlagenden Ereignisse dauerte es eben eine Weile, ehe einer von uns unerfahrenen Leuten auf die Idee kam, endlich den Parteivorstand zusammenzurufen. Da war es aber schon Anfang Januar, und die Aufregung entsprechend groß.

Aber wie gesagt: Ich saß fast alleine im Großen Haus, mit einem Apparat, den ich nicht kannte und der mich nicht kannte. Und der zum Teil auch gegen mich arbeitete. Da traten irgendwelche Leute des Hauses in der Öffentlichkeit auf, deren Namen mir gar nichts sagten. Aus der Sicht derjenigen, die sie kannten, handelte es sich um extreme Stalinisten. Das wurde natürlich mir angelastet. Wieder traten Mitglieder aus der Partei aus. In diesen Tagen herrschte halt eine irrsinnige Ungeduld.

Ich mußte arbeiten wie ein Besessener. Ich hatte anfangs keine Leute für mich, mußte zum Beispiel alle Briefe selbst beantworten – und es kam massenweise Post ins Große Haus.

Zwar hatte ich schon ein paar Ideen für die Partei, aber es fehlte jede Organisation und jedes System, und ich wußte einfach nicht, wie ich die Gedanken unter diesen Bedingungen durchsetzen sollte. Erst mit der Zeit erhielt alles Konturen. Und mir wuchs Unterstützung zu. Einmal kamen z. B. drei junge

Leute aus der Abteilung Internationale Beziehungen zu mir und sagten: „Wir wollen dir helfen. So geht es doch nicht weiter, daß im Apparat gegen dich gearbeitet wird. Man muß das anders aufbauen."

Kaum bekamen wir die Organisation ein wenig in den Griff, schon rollte die Eigentumsfrage auf uns zu. Da sah ich überhaupt nicht durch. Ich hatte zunächst nicht einmal eine Spur von Ahnung, was es überhaupt alles gab. Zuerst also mußte das Eigentum zusammengestellt werden, was ewig dauerte. Dann brauchte es Entscheidungen darüber, aber die Auffassungen gingen schon wieder himmelweit auseinander. Die einen meinten, wir dürften nicht leichtfertig Dinge aufgeben, wir würden es später bereuen. Die anderen meinten, es gehöre zur moralischen Erneuerung, sich vom SED-Eigentum so schnell wie möglich zu trennen. Aber wenn man sich trennte – dann wiederum wie? Kaum befaßten wir uns mit dieser Materie, schlugen die Finanzleute Alarm und erzählten, durch die gesunkenen Mitgliedsbeiträge seien irgendwann die laufenden Kosten nicht mehr bezahlbar.

Fest stand, daß der Apparat abgebaut werden mußte, aber keiner wußte, wie und nach welchem Maßstab. Ich kannte die Leute nicht, wußte nicht, wer gut und wer weniger gut war. Also herrschte wieder einmal Chaos.

Als die Situation so kritisch zu werden begann und ich ganz dringend Unterstützung gebraucht hätte, da merkte ich, daß mir Wolfgang Berghofer allmählich wegrutschte. Die Westpresse orakelte, er wolle zur SPD übertreten. Und dann war er wirklich weg – fast mit der gesamten Dresdener Parteispitze.

Danach kam André Brie und bot Hilfe an. André Brie hat wirklich viel in der Partei bewirkt. Es gab demgegenüber aber auch einige im Vorstand, die mir zu schnell aufsteckten, weil sie unzufrieden waren. Ich verstand sehr wohl diese Ungeduld, aber man muß auch die realen Aufgaben sehen: Aus einer Alleinherrschaftspartei eine linke demokratische Oppositionspartei in ganz Deutschland zu machen, das ist wahrlich kein leichtes Unterfangen. Da geht manches auch nur schrittweise, vielleicht auch zu langsam.

Es gab natürlich auch Leute im Vorstand, von denen ich den Eindruck hatte, daß sie bremsen. Hätte ich mich gegen sie stellen sollen, um die Ungeduldigen zu halten? Ich versuchte hingegen immer – und das kann man auch kritisch werten –, einen Ausgleich zu schaffen, zu integrieren. Aber als Parteivorsitzender habe ich gar keine andere Chance, wenn ich die Sache nach vorne bringen will, ohne einen radikalen Bruch zu vollziehen. Schließlich ist es auch eine Aufgabe, Menschen in eine neue Zeit mitzunehmen, denen die Umstellung schwerfällt. Ich kann nur begrenzt brutal sein. Ich kann nicht nachtreten, wenn jemand am Boden liegt. Für mich war z. B. der Wahlkampf gegen Schnur an dem Tag erledigt, an dem er zu Boden ging.

Eine wichtige Zäsur markierte die Klausurtagung im Mai. Auf ihr ist vieles für die Erneuerung der Partei geschehen. Da habe ich manches gesagt, was vielleicht eher hätte gesagt werden müssen. Aber die ständigen Wahlkämpfe und die permanenten Angriffe von außen erschweren das Nachdenken.

Verweilen wir noch einen Moment bei den Gründen für die zunehmenden Feindseligkeiten gegen die SED-PDS. Sie liegen teils sehr tief, sind vielschichtig und kompliziert. Dazu gehört, daß die Partei erst den Sonderparteitag absolvieren und sich selbst so weit vom Sockel nehmen mußte, ehe viele Menschen ihre über Jahre angestauten Frustrationen bezüglich der ehemaligen Staatspartei abzureagieren wagten. Und da gab es schon eine ganze Menge. Damit ist nicht nur das Gemisch von Bevormundung und Inkompetenz, von Selbstbeweihräucherung und Bereicherung bei vielen Funktionären gemeint. Nein, es gab sie ja wirklich, die bösen Geschichten des kalten Krieges: es gab die Zerstörung von Schwachen, die aus dem Beruf gedrängt, ihrer familiären Beziehungen und ihrer persönlichen Würde beraubt wurden; es gab jenes dümmlich-fanatische Hand-in-Hand von SED-Provinzfunktionären mit den „Gewissenhaften" im Stasi-Apparat, wenn beispielsweise junge Männer verfolgt wurden, weil sie zum FDJ-Pfingsttreffen das Symbol der westlichen Ostermärsche über die Köpfe gehalten hatten; es gab Repressalien gegen Offiziersschüler, weil sie im „Objekt" Udo Lindenbergs „Sonderzug nach Pankow" abgespielt hatten. Jeder kannte solche Geschichten, die ihn moralisch tief empört hatten; auch jedes SED-Mitglied kannte welche. So speiste sich ein tiefer, nicht ermattender Haß – ungeachtet dessen, daß der nunmehr angefeindete Kollege, Nachbar, entfernte Bekannte in der Regel nicht schuldig an solchen Skandalen geworden war. Doch die kollektive Schuld aller 2,3 Millionen ehemaligen SED-Mitglieder wurde nicht vergessen.

Es gab aber auch eine Reihe von Fragen, zu denen der Sonderparteitag Antworten schuldig geblieben war. In vielerlei Hinsicht wirkten diese Versäumnisse offenbar wie eine Provokation gegenüber dem Volk, das schon weiter war, auch weiter weg

war von der DDR als die SED-PDS. Worum handelte es sich:
— Zur deutschen Frage bezog die Partei eine nebulöse Position, sprach von der nicht auf der Tagesordnung stehenden Vereinigung und zugleich von „einem europäischen Deutschland" in einem gemeinsamen europäischen Haus.
— Die Partei beharrte auf ihrem sehr umstrittenen Eigentum und auf Monopolstellungen. Erst Streiks und Streikandrohungen zwangen zu einem Umdenken. Ähnlich halbherzig, zögerlich und in der Hoffnung auf einen Stimmungsumschwung vollzog die Partei den Rückzug ihrer Grundorganisationen aus den Betrieben.
— Schließlich wurde Anfang Januar 1990 deutlich, daß die Arbeiter die eigentlichen Verlierer der Revolution waren: in ihrer sozialen Sicherheit erstmals seit Jahrzehnten hochgradig bedroht; ohne funktionierende Gewerkschaften und ohne funktionierende politische Interessenvertretung den kleinen und großen Wirtschaftsdiktatoren Mittagscher Schule ausgeliefert, die jetzt teilweise darangingen, mit den ihnen anvertrauten Betrieben um ihren Einstieg bei einer westlichen Firma zu pokern; bezahlt mit schlechtem Geld, für das man sich angesichts abzusehender und schon vollzogener Preissteigerungen immer weniger kaufen konnte und das zu schwindelerregenden Kursen gegen D-Mark getauscht wurde, so daß auch eine Kompensation von Versorgungslücken oder -mängeln nicht mehr über die Intershops ausgeglichen werden konnte; in der Regel ohne Möglichkeit, Geschäfte nebenbei oder überhaupt als Krisengewinnler zu machen.
— Letztlich hatte der Sonderparteitag auch klare Worte vermissen lassen, ob sich die SED-PDS auf eine Oppositionsrolle nach freien Wahlen zurückziehen würde.
Zur eigentlichen Schicksalsfrage geriet jedoch die Auseinandersetzung um die Auflösung der Stasi zwischen Ministerpräsident Modrow einerseits und dem Runden Tisch andererseits. Schon auf seiner ersten Sitzung am 7. Dezember 1989 — für die SED waren bereits Gregor Gysi und Wolfgang Berghofer dort anwesend — hatte der Runde Tisch die Regierung aufgefordert, das Amt für Nationale Sicherheit unter ziviler Kontrolle aufzulösen.
Die Regierung Modrow reagiert auf diese Forderung am 14. Dezember 1989 mit einer Reihe von Festlegungen über die Modalitäten die Auflösung sowie mit dem Beschluß, das Amt für Nationale Sicherheit durch einen „Verfassungsschutz" und einen „Nachrichtendienst" als Stasi-Nachfolger zu ersetzen. Nach der

Wandlung des Ministeriums für Staatssicherheit zum Amt für Nationale Sicherheit war nunmehr also eine erneute Transformation des in der Bevölkerung verhaßten Apparates geplant. Spannungen und Konflikte waren vorprogrammiert.

Allerdings: Die Zusammenhänge erwiesen sich als wesentlich komplizierter, als in der öffentlichen und nicht-öffentlichen Diskussion allgemein reflektiert. Zum einen waren ganz grundsätzliche Fragen berührt: Wie wollte der gerade erst zusammengekommene Runde Tisch − ein Dialog-, aber noch kein Machtorgan, ein Kreis von unterschiedlich legitimierten Einzelpersonen, bar jeglichen Hinterlands zur unverzüglichen Durchsetzung ihrer Beschlüsse − die Auflösung eines der größten, am besten ausgebildeten und hochmotivierten Geheimdienste durchsetzen? Rein rationales Kalkül hätte aber noch zu einem anderen Schluß führen müssen: Ein Apparat von knapp hunderttausend Leuten mit noch dazu so unterschiedlichen Aufgabengebieten wie Aufklärung, Abwehr und der die unterschiedlichsten Herangehensweisen einschließenden „inneren Sicherheit" konnte in sich nicht homogen sein, mußte Differenzierungen grundsätzlicher Art aufweisen. Schon die Tatsache, daß der wegen politischer Differenzen mit der SED-Führung aus dem Amt geschiedene ehemalige Spionage-Chef Markus Wolf zu einem der maßgeblichsten Wortführer der Perestroika in der DDR geworden war, hätte nachdenklich stimmen müssen. Aber auch die Gruppierung, die zwei Tage vor der Auflösungsentscheidung des Runden Tisches mit den Enthüllungen im DDR-Rundfunk aus der engen Disziplin der Sicherheitsorgane ausgebrochen war, hatte Zeichen gesetzt.

Brauchte man denn nicht gerade zur Auflösung eines Dienstes, dessen Strukturen in jeder Hinsicht nach außen abgeschirmt waren, Verbündete von innen? Statt dessen gab es einen Rundumschlag gegen alle Stasi-Mitarbeiter und brachte sie somit auch *alle* gegen den Wandlungsprozeß in der Gesellschaft auf. Die offene Differenzierung innerhalb der Stasi wurde damit gestoppt, eine Einigelungs- und Ablehnungsstimmung griff um sich.

Hans Modrow hatte die für den Umgestaltungsprozeß davon ausgehenden Gefahren ohne Zweifel ganz klar erkannt. Hier liegt offenbar − neben seinem Bestreben, Geheimdienste auch zum Nutzen seiner Regierung und einer künftigen DDR, so wie er sie sich vorstellte, zu erhalten − die eigentliche tiefe Wurzel seiner restaurativen Stasi-Politik.

Der Konflikt führt zu Losungen wie „Stasi – Nasi – Gysi".
Die anfängliche Popularität des Vorsitzenden in
der Bevölkerung schwindet. Gregor Gysi:
Bei der Entscheidung über die Auflösung der Stasi war klar, daß
nicht der Runde Tisch sie betreiben konnte, sondern die Regierung. Die Frage war nur, ob der Druck auf die Regierung dazu
ausreichen würde.

Wir hatten allerdings am Runden Tisch durchgesetzt, daß
hinsichtlich der für die Sicherheit wirklich notwendigen Bereiche noch eine zusätzliche Entscheidung zu treffen ist. Unter Bezug darauf wollte der Ministerrat aus dem „Amt für Nationale Sicherheit" einen „Verfassungsschutz" und einen „Nachrichtendienst" aufbauen. Das sollten nach Darstellung der Regierung
die Teile des Amtes sein, die wirklich notwendig seien. Das war
jedoch schon viel zu spät. Wir haben es auch nicht als Ausdruck
dessen akzeptiert, was der Runde Tisch beschlossen hatte. Der
hatte nämlich – nicht zu unrecht – erwartet, daß man ihm die
Projekte vorlegen würde, ehe der Ministerrat sie bestätigt. Als
die Regierung allein entschieden und nicht gefragt hatte, waren
natürlich alle empört und haben ihrer Empörung Luft verschafft.
Man muß auch sagen, daß unsere Partei-Gremien an diesen Vorstellungen nicht beteiligt waren. Diese wurden nämlich am 14.
Dezember 1989, das war genau zwischen den beiden Runden
des Sonderparteitages, im Ministerrat beraten. Da hatten wir gar
keine Zeit, uns mit etwas anderem zu beschäftigen. Ich hatte bis
dahin noch nicht einmal einen Minister gesehen. In der Partei-
tagsrede ging ich auf die Varianten ein, aber unter Auflösung all
dessen, was unter einem übertriebenen Sicherheitsbedürfnis
verstanden wurde.

Ein großes Problem war und ist bis heute das, was sich in
den Betrieben abspielt. Viele Leiter spielen eine unrühmliche
Rolle. Natürlich muß man differenzieren, wenn man über die alten, im wesentlichen unter SED-Vorzeichen ins Amt gekomme-
nen Leiter spricht. So manche setzen sich wirklich für ihre Belegschaft und ihre Betriebe ein – darunter auch einige aus der PDS.
Die haben meinen Respekt, gleich, aus welcher Partei oder par-
teilos. Aber es gibt auch die anderen, die in erster Linie an sich
denken und nicht an ihre Belegschaften und ihre Betriebe. Sie
versuchen, sich selbst einen Job in einem Konzern zu sichern
und würden dafür hier die Betriebe durchaus vor die Hunde gehen lassen. Und das sind natürlich ganz überwiegend ehemalige
SED-Mitglieder.

Aber eben ehemalige – überwiegend sind sie schon im Januar aus der Partei ausgetreten. Gerade im Januar, als klar war, daß man mit dieser Partei keinen Staat mehr machen kann, daß die Mitgliedschaft nicht nicht mehr karriere-fördernd, sondern karriere-vernichtend ist, da sind viele ausgetreten, die auch nur wegen der Karriere eingetreten waren. Im Grunde haben sie sich gar nicht geändert. Wir müssen aber auch Gerechtigkeit walten lassen: In dieser Frage nämlich hat der äußere Druck auf die PDS auch positive Züge gehabt, denn alleine hätten wir es nie geschafft, die Karrieristen loszuwerden.

Obwohl natürlich diese Haßwelle vom Januar 1990 kein Anlaß für Späße ist. Das war schon sehr hart, und viele Parteimitglieder haben in dieser Zeit eine Menge einstecken und aushalten müssen.

Hinter den Vorwürfen gegen die PDS und ihre einfachen Mitglieder steckte aber auch eine Illusion – die Illusion nämlich, man könne ein Volk auswechseln. Wir sind doch alle noch die gleichen; wir haben doch alle hier schon vor dem Herbst 1989 gelebt. Und jetzt gibt es eine ganze Menge, die tun so, als ob sie erst im Herbst geboren worden sind. Ein Entweichen vor Verantwortung ist auch durch Flucht in die Vorne-Verteidigung nicht möglich. Wird es dennoch versucht, so handelt es sich um ein Zeichen massiver Verdrängung.

Bei der Herkunft unserer Partei aus der SED ist es erklärbar, daß manche Mitglieder die alten Denkstrukturen noch nicht abgelegt haben. Aber eines haben alle 350 000 PDS-Mitglieder in dieser Zeit bewiesen: Charakter und Zivilcourage. Denn diese Partei zu verlassen, war zumindest seit Januar 1990 kein Problem mehr. Es wäre immer der leichtere Weg gewesen.

Ich kenne einen Betrieb mit ungefähr 20 staatlichen Leitern. 19 davon sind im Januar aus der Partei ausgetreten, mit einer gemeinsamen Erklärung an der Wandzeitung. Aber einer blieb in der SED-PDS. Was der sich anhören mußte! Manchmal, wenn er am Ende war, saß er in meinem Büro. Er brauchte das Gespräch um die Kräfte zu sammeln. Als er wieder einmal am Boden war, habe ich ihm gesagt: „Wenn Du es gar nicht mehr aushältst, dann laß es, dann tritt aus. Ich kann es verstehen; ich wüßte auch nicht, was ich in deiner Situation machen würde." Er ist in der Partei geblieben. Heute hat sich das geändert. Heute, so sagt er, genießt er als einziger eine gewisse Anerkennung in der Belegschaft. Die andern 19 sind für die Kollegen Wendehälse, die in die eigene Tasche wirtschaften. Jetzt sagen sie, der eine war anders, hat alles ertragen, was wir ihm zugemutet haben, hat Charakter, jetzt setzt er sich für uns ein.

Das ist sicherlich eine Ausnahme, aber es gibt eben solche Verschiebungen. Man braucht eben ein bißchen Geduld mit uns, und wir brauchen sie mit den andern.

Damals, im Januar 1990 konnte von derartiger gegenseitiger Geduld nicht die Rede sein. Im Lande – zumindest in einigen Regionen – herrschte eine Stimmung wie kurz vor Pogromen. Am 18. 1. 1990 brach die Partei-Krise offen auf – sowohl im Präsidium als auch an der Basis. Thomas Falkner:
Für diesen Abend hatte die Anfang des Monats innerhalb der SED-PDS entstandene Plattform 3. Weg zu einem Treffen in die Humboldt-Universität Berlin eingeladen, in einen jener alten Hörsäle in der Clara-Zetkin-Straße, unweit der damals noch stehenden Mauer und des Reichstages. Diese Plattform war eine von vieren, die in kurzer Folge nach dem Sonderparteitag entstanden waren. Das dort angenommene Übergangsstatut, das Plattformfreiheit gewährte, wurde also sofort angenommen.

Am ehesten nachzuvollziehen war dies bei der Bildung der „Kommunistischen Plattform". Innerhalb der SED-PDS fühlten sich viele durchaus als Kommunisten, ohne dadurch einer Reorganisation des Stalinismus das Wort zu reden. Bis zum Sonderparteitag war stets auch eine starke Strömung spürbar, die den Kongreß gern zum 31. Dezember abgehalten und dann – auf den Tag genau 70 Jahre nach Gründung der Kommunistischen Partei Deutschlands – die SED gern zur KPD umgebildet hätte. Diese Kräfte hatten mit den sozialdemokratischen Tendenzen, die sich vor allem in der Programmatik der SED-PDS fanden, naturgemäß ihre Schwierigkeiten. Die Gründer der Kommunistischen Plattform wiederum, Lothar Hertzfeld und Fred Beuchel, hatten im Sinn, diesen ehrlichen Herzens für demokratische und sozialistische Ziele einstehenden Menschen innerhalb der Partei einen Platz zu zeigen, in dem sie sich politisch heimatlich fühlen konnten. Beabsichtigt war nie, ein Sammelbecken für Stalinisten zu schaffen. Nicht von ungefähr hieß es schon im Gründungsdokument der Plattform, man sehe sich in der Tradition von Lenin und *Bucharin*, von Stalins Opponenten also.

Vor allem intellektuelle Kreise, denen die Hinwendung zur sozialdemokratischen Traditionslinie nicht konsequent und nicht schnell genug erfolgte, bildeten einen Sozialdemokratischen Studienkreis, der sich mit der Aufarbeitung des entsprechenden politischen und konzeptionellen Erbes befassen sollte. Das „Neue Deutschland" machte bei der Veröffentlichung der Gründungserklärung daraus kurzerhand eine eigene Plattform.

Ebenfalls Anfang Januar entstand an der Leipziger Karl-Marx-Universität die Plattform „Demokratischer Sozialismus". Die Gruppe bekannte sich zu den programmatischen Ansätzen des „Dritten Weges", sah aber Handlungsbedarf vor allem aus der Sorge heraus, „daß sich mit dem außerordentlichen Parteitag das äußere Erscheinungsbild der SED-PDS zwar verändert hat, der tatsächliche Bruch mit der Vergangenheit im Innern der Partei jedoch noch nicht vollzogen ist. . . . Vor allem gelingt es nicht, das Verhältnis der Partei zur demokratischen Revolution und den sie vorwärtstreibenden politischen Kräften so zu gestalten, daß die gleichberechtigte Teilnahme der SED-PDS an der Revolution als Nachweis ihrer inneren Reformierung zum Ausdruck kommt". (Erklärung der Initiativgruppe vom 7. Januar 1990)

Einen ähnlichen praktisch-politischen Ausgangspunkt hatte die Erklärung, die Michael Brie einige Tage vorher zur Gründung der Plattform 3. Weg veröffentlichte. Völlig zu recht kritisierte er, daß seit dem Sonderparteitag wertvolle Zeit vertan worden war. Das zeigte sich schon allein darin, daß der Parteivorstand nach der zweiten Sitzungsrunde des Parteitages drei Wochen lang nicht einberufen wurde und nicht einmal eine Auswertung des Kongresses vorgenommen hatte. Michael Brie kritisierte ferner, daß die Arbeiten an der Programmatik der Partei ins Stocken geraten waren. Daher also die neue Plattform, sie sollte das Vorausdenken befördern. Das war das Eigenartigste an dieser Gründung: Immerhin war ja die um einiges bekanntere und profiliertere Plattform WF unter anderem angetreten, um der Programmatik des Dritten Weges zum Durchbruch zu verhelfen; Brie und Segert arbeiteten an der Universität am selben Forschungsprojekt. Warum also wurden die Möglichkeiten der WF-Plattform nicht genutzt, warum dieser Alleingang der Intellektuellen, der auf nicht wenig Unverständnis an der Basis stieß? Sicher, die Plattform WF hatte sich nach dem Parteitag bewußt von der Bildfläche zurückgezogen. Wir meinten zunächst, daß die überraschende praktisch-politische Funktion, die die Plattform erlangt hatte, und die damit verbundene politische Heterogenität ihrer Anhänger eine Besinnung, eine Neubestimmung von Aufgaben und Funktionen verlangte. Aber die Initiatoren-Gruppe gab es weiter, und es hätte auch die WF-Plattform weiter geben können.

Für das Treffen aller Plattformen innerhalb der SED-PDS stand im Grunde eine entscheidende Frage. Rainer Land von der Plattform „3. Weg" hatte sie in einem uns übermittelten Diskussionspapier klar gestellt: War es für die „Reformkräfte" innerhalb der SED-PDS angesichts der Entwicklung nach dem Sonderparteitag möglich, in der Partei zu verbleiben und – wenn ja – unter welchen Bedingungen?

Für uns von der WF-Plattform hing die Antwort davon ab, ob es auch außerhalb der SED-PDS die Möglichkeit gab, Anhänger des Dritten Weges als wirksame eigenständige politische Kraft zu sammeln oder nicht. Dabei war ein Übertritt wichtiger oder großer Gruppen aus der SED-PDS in die SPD im beiderseitigen Interesse gänzlich undenkbar, obwohl den Sozialdemokraten ein Zustrom von in praktisch-politischer Arbeit erfahrenen demokratischen Sozialisten gutgetan hätte. Innerhalb der Initiatorengruppe der WF-Plattform erwogen wir daher, in der SED-PDS eine Fraktion zu bilden, also über das Stadium der Plattformen hinauszugehen. Damit hätte wieder Handlungsdruck auf das Präsidium ausgeübt werden können, zudem wären für den Fall eines Ausschlusses oder Austritts der Fraktion bereits wichtige organisatorische Ansätze für eine neue Partei gegeben gewesen.

Die Fraktionsbildung kam am Abend des 18. Januar 1990 auf der Veranstaltung der Plattform 3. Weg eingangs auch zur Sprache. Man habe sich ursprünglich mit diesem Gedanken getragen, erläuterten die Einlader, doch nun sei die Entwicklung so schnell und dramatisch vorangeschritten, daß noch weitergehendere Schritte erforderlich schienen. Es sollte also nicht mehr um eine „Initiative Reformflügel" in der SED-PDS gehen, sondern um das Ende der Partei selbst. Vorgeschlagen wurde eine Erklärung, mit der die Plattformen den Parteivorstand auffordern, auf seiner Sitzung am 20. Januar 1990 die Auflösung der SED-PDS zu beschließen. Die Auflösung sollte unter gesellschaftlicher Kontrolle und unter völligem Verzicht auf das SED-Eigentum erfolgen. Danach hätten alle Gruppierungen der SED-PDS die Möglichkeit, eine oder mehrere neue Parteien zu gründen. Verbunden mit der Aufforderung war in dem Entwurf ein Ultimatum: Sollte es nicht zur Auflösung kommen, dann würde unmittelbar danach die Gründung einer neuen Partei für die „Genossen, die für die Linie des Außerordentlichen Parteitags sind", angekündigt. Der Kreisvorstand der SED-PDS an der Humboldt-Universität sollte für diesen Fall die Mitgliederregistratur der neuen Partei übernehmen.

Über die um die SED-PDS entstandene explosive Lage waren sich alle Anwesenden schnell einig. Auch über die für die sich als Reformer, als Radikale oder was auch immer verstehen-

125

den Kräfte unbefriedigende innerparteiliche Situation herrschte Einigkeit. „Primat hat das Land, nicht die Partei", wurde immer wieder betont. Aus dieser Erwägung heraus hielten es alle für notwendig, in der Partei und aus ihr heraus Zeichen zu setzen. Im Gespräch waren an jenem Abend unterschiedliche Schritte, von der Flügelbildung über ein Aktionsbündnis der Plattformen oder ihren geschlossenen Austritt bis hin zur Spaltung und Auflösung.

Schließlich wurde eine Redaktionskommission aus Vertretern jeder Plattform gebildet, die die Erklärung fertigstellen sollte. Eine klare Linie hatte sich bis dahin noch gar nicht abgezeichnet. Dennoch: Der Text, der dann an einem Computer in einem mit biologischen Präparaten vollgestopften Zimmer entstand, forderte vom Parteivorstand die Auflösung der SED-PDS. In dem Bemühen, den kleinsten gemeinsamen Nenner möglichst radikal anzusetzen, ihn aber auch nicht inhaltlich zu überziehen, gab es kaum noch weitere Substanz. Auflösung und Schluß — das war die Botschaft.

Für die Initiatorengruppe WF-Plattform hatte Michael Geiger zuvor nachdrücklich auf die Notwendigkeit eines *geordneten* Rückzugs der Noch-Staatspartei, auf die Unerläßlichkeit einer *geordneten* Machtübergabe an frei gewählte Vertreter des Volkes aufmerksam gemacht. Dies aber war mit einer *ersatzlosen* Auflösung der SED-PDS, wie sie jetzt gefordert wurde, nicht machbar.

Die Revolution befand sich seit dem Sonderparteitag im Übergang von ihrer destruktiven zu ihrer konstruktiven Phase, im Übergang von der Zerschlagung der alten Machtstrukturen zum Aufbau dauerhafter neuer, demokratischer Verhältnisse. Dieser Übergang konnte aber erst mit den geplanten freien Wahlen abgeschlossen werden. Im Moment waren immer noch nicht die wirklich die Interessen des Volkes vertretenden Kräfte konstituiert, die Interessen des Volkes selbst noch nicht einmal in jeder Hinsicht ausgeformt und stabilisiert, die neuen und sich erneuernden politischen Kräfte waren noch immer nicht so weit, daß sie die Macht im Lande in eigener Verantwortung hätten übernehmen können und wollen. Es blieb dabei: Die alte Staatspartei wurde noch gebraucht, wenn auch abgesichert werden mußte, daß sie sich der Entwicklung nicht in den Weg stellt.

Ersatzlose Auflösung war in meinen Augen blankes politisches Abenteuerertum. Dies zu verlangen hieß eben nicht, die Interessen des Landes über die der Partei zu stellen. Die Interessen des Landes erforderten es, daß die integren Kräfte innerhalb der SED-PDS sich in dieser Übergangszeit nicht aus dem Staub machten – notfalls auch um den Preis dessen, daß ihre Partei oder die „linke Idee" dabei zerrieben wurde. Einen Verbündeten hatte ich in dieser Sicht in der Redaktionsgruppe nur in Lothar Hertzfeld, dem Mitbegründer der Kommunistischen Plattform. Wir konnten uns jedoch kaum Gehör verschaffen. Die Erklärung ging an die Öffentlichkeit, wenn auch ohne unsere Zustimmung.

Am Abend darauf kam es in Berlin zu einer zweiten, wesentlich größeren Veranstaltung der Parteibasis. Die Auflösungsforderung der Plattformen hatte innerhalb der Partei einen Sturm von Ablehnung ausgelöst; schon seit längerem keimende „Initiativ-Gruppen PDS" traten für den Erhalt der Partei und ihre gleichzeitige zügige Transformation zur „Partei des Demokratischen Sozialismus" ohne SED-Anhängsel und -Ballast – weder im Namen noch im politischen Handeln – ein. Der große Saal im Gebäude des ehemaligen Zentralkomitees, der mindestens fünf- bis sechshundert Personen faßt, war überfüllt. Parteimitglieder aus der ganzen DDR waren angereist, um am Vorabend der Vorstandstagung für die PDS zu kämpfen. Die Stimmung gegen die Plattformen war militant. Ausgerechnet der Vertreter der Kommunistischen Plattform, diesmal Fred Beuchel, bekam dies zu spüren, als ihn die Anwesenden in Verkennung oder Unkenntnis der wirklichen Rolle dieser Gruppierung am Abend zuvor auspfiffen.
Man wollte eben keine Zerstörer und Spalter, man wollte die Wärme einer politischen Heimat bewahren – auch gegen die zerstörerischen alten Kräfte. Ein bißchen linkssozialistischer Korps-Geist war es schon, der da durchbrach, auch alte Einigelungs-Mentalität: West-Medien raus, unsere Medien bleiben – das wurde gleich am Anfang beschlossen. Als ZDF-Korrespondent Schmitz sich ohne Kamerateam wieder einschmuggelt, wird er nach einigen Minuten von aufmerksamen Anwesenden „enttarnt" und recht rabiat im wahrsten Sinne des Wortes rausgeschmissen. Die Ironie der Angelegenheit lag darin, daß die SED-PDS zu dieser Zeit teilweise in den westlichen Medien die wesentlich aufgeschlosseneren und faireren Partner fand als in den „eigenen" – zu groß waren hier die Berührungsängste mit der eigenen Vergangenheit geworden. Nur nicht weiter als Propaganda-Organ dieser Partei erscheinen, hieß die Sorge. Deutschlandfunk und ZDF brauchten die nicht zu haben, in der Tat. Und sie hatten sie auch nicht. Sie berichteten damals noch, was zu berichten war.
Die zweite große Welle der Basisbewegungen in der auslau-

fenden SED war angerollt. Die Konstellationen hatten sich geändert: Ging es im Herbst und frühen Winter noch um Zukunftsentwürfe, die über die SED für die DDR angeboten werden sollten, so stand jetzt die Rettung der Rest-SED als Bestandteil des politischen Spektums überhaupt auf der Tagesordnung. War die Herbstbewegung vornehmlich von den Parteiintellektuellen ausgegangen, so fanden sich unter den Initiatoren nun auffällig viele ehemalige und jetzige Mitarbeiter politischer Apparate – nicht nur der SED, sondern auch der FDJ –, die dort seit Jahren für eine andere Politik ihrer Vorgesetzten gewirkt hatten, jetzt aber bei einer Auflösung der Partei noch größere existentielle Gefährdungen als ohnehin schon erkannten.

Zwei Prozesse verliefen nebeneinander: Zum einen eine neue Dimension der Basisbewegung, zum anderen war die Austrittswelle aus der einstmals 2,3 Millionen Mitglieder zählenden SED ungebremst, erhielt sie nun eine neue Qualität – aus der SED-PDS traten zunehmend jene Kräfte aus, die zum radikal-demokratischen Flügel der PDS zählten, während jene in der Partei verblieben, die sich eher einer SED mit menschlichem Antlitz verpflichtet fühlten.

Was war in dieser Situation zu tun?

Gregor Gysi:

Mich beschäftigte in diesen Tagen vor allem eine Frage: Wie stand es in unserer Partei um das Verhältnis zwischen der uns einmal auferlegten Verantwortung und der Fähigkeit, diese Verantwortung auch wirklich wahrzunehmen. Wie sollte das Volk der DDR nach all dem Geschehen zu seiner Identität finden, wie seine Geschichte aufarbeiten, wenn dies nicht von allen Seiten im allgemeinen Interesse befördert wurde?

In diesen Tagen hatte ich auch ein Gespräch mit dem damaligen sowjetischen Botschafter in der DDR, Kotschemassow. Er warnte unüberhörbar: Eine Selbstauflösung der SED führt zur Selbstauflösung der DDR – und dies könnte auch das Ende der Perestroika heraufbeschwören.

Manchmal glaubte ich, die Verantwortung, die ich übernommen hatte, könnte mich erdrücken. Wie damit leben, wenn die Entwicklung in der DDR den entscheidenden Stolperstein für Gorbatschow bedeuten könnte? Wie persönlich mit der eigenen Rolle dabei fertig werden?

In diesen Tagen fühlte ich mich oft sehr allein, hätte hin und wieder auch gern die Augen verschlossen vor all dem Unbill, mich verkrochen, versteckt, verdrückt. Nie hätte ich mir träumen lassen, einmal der Buhmann der Nation zu sein: Die „Stasi-Nasi-Gysi"-Rufe in Leipzig und anderswo — die trafen mich schon: Ich war schließlich mal angetreten, um Rechtsstaatlichkeit durchzukämpfen — nicht, um einen Überwachungsstaat zu schützen.

Und dann die Sache mit der Partei selbst. Jetzt, wo man endlich etwas Vernünftiges aus ihr machen konnte — ausgerechnet jetzt sollte man sie auflösen? Vor dem Parteivorstand machte ich am 20. Januar 1990 eine pragmatische Rechnung zu der Frage auf, ob wir wegen der Auflösungsdebatte einen Parteitag einberufen oder eine Urabstimmung ansetzen sollten. Schließlich konnte über diese Frage nicht der Vorstand entscheiden — es mußte die Basis, und zwar die gesamte Basis, oder es mußten von ihr für diese Entscheidung legitimierte Vertreter tun.

Dabei gab es zwei Überlegungen: Zum einen schien mir klar, daß im Falle der Vorbereitung eines Parteitages die Kraft des Präsidiums dafür voll und ganz aufgezehrt werden würde. Dann würden wir die Erneuerung nicht schaffen. Wäre es mit einer Urabstimmung leichter gewesen, über Auflösung oder Nicht-Auflösung der Partei zu entscheiden? Sie hätte uns letztlich auch nur gelähmt, hätte der nach hinten gewandten Selbstzerfleischung Vorschub geleistet. Außerdem wäre doch in einer solchen Situation in den besonders gefährdeten Regionen im Süden der Druck auf die einzelnen Parteimitglieder zugunsten einer Auflösung noch viel, viel mehr gesteigert worden. Und dann der Riesen-Apparat, den wir für eine solche Urabstimmung gebraucht hätten! Ich hielt also auch das für keine akzeptable Variante.

Wir brauchten einen anderen Ansatzpunkt. Was also hatte die Erneuerung der SED-PDS gebremst? Es gab viele Gründe. Das seit dem 9. November und vor allem seit der „deutschen Weihnacht" 1989 gewachsene neue Deutschtum gehörte sicher dazu; auch die leidige Eigentumsfrage.

Hier waren dringend Entscheidungen erforderlich. Die Belegschaften in den Parteibetrieben drückten. Man mußte sich von ursprünglichen Vorstellungen trennen.

Der Vorstand akzeptierte unser Herangehen, aber eigentlich standen auf der Tagung vom 20. Januar ganz andere Dinge zur Debatte. Wie also die Partei retten, wie sie lebensfähig erhalten? Sie hatte noch Verantwortung in dem Land zu tragen. Wie sie für die Gesellschaft wieder akzeptabel machen? Eine Polarisierung schadet allen; wir mußten in diesem Land miteinander leben lernen — dies war meine Devise. Ich suchte nach radikalen Signalen, mit denen man dieses Anliegen verdeutlichen konnte.

Wir stellten das im Vorstand zur Diskussion. Eine Antwort wußte auch ich nicht. Nur eines war mir klar: Mit der ständig über mir schwebenden Auflösungsdiskussion hätte ich nicht mehr weiter Parteivorsitzender sein können. Die Sache mußte jetzt vom Tisch oder ein anderer Vorsitzender ran, der die Auflösung betreibt.

Die Rettung gelang zum zweiten Mal. Und es wurde ernsthaft überlegt, gestritten, analysiert. Norbert Kertscher, der Chemnitzer Bezirksvorsitzende, hielt eine eindringliche Rede: Die Auflösung sei keine Erfindung, sie sei bereits real im Gange, erklärte er. „SED/PDS-freie Gemeinden" schössen aus dem Boden. Bürgerkriegsgefahr. Dann schlug er vor, über eine Art „Gesellschaftsvertrag" mit dem Runden Tisch das Schicksal der SED-PDS gewissermaßen in die Hände der Opposition und entsprechend auch der Vier Mächte zu legen. Wieder sollte Eigentum weg, diesmal zu den Sozialdemokraten.

Hans Modrow stieg dann noch ein. Er fragte, was wir von der Einbeziehung des Runden Tisches in die Regierungsarbeit hielten.

Daraus entstand dann später ein Papier an den Runden Tisch. Es bahnte den Weg zum zweiten Kabinett Modrow, der „Regierung der Nationalen Verantwortung". In einem etwas längeren Beschluß wandte sich der Vorstand mehrheitlich von der Linie der Liquidation ab: „Nach langer, reiflicher und zum Teil kontroverser Diskussion geht der Parteivorstand davon aus, daß die Auflösung der Partei die Polarisierung in der Gesellschaft und den Grad der erreichten Spannungen nicht abbauen kann. Im Gegenteil. Es wäre zu befürchten, daß eine Verlagerung der Polarisierung mit zunehmenden Spannungen erfolgt, wobei das Gefühl der Hoffnungslosigkeit und Schutzlosigkeit einzelner zunehmen würde. Hinzu kommt, daß sich Menschen und Ideen nicht auflösen lassen, und der Parteivorstand davon ausgeht, daß die demokratische Erneuerung in der DDR, die Vertragsgemeinschaft der beiden deutschen Staaten innerhalb unserer deutschen Nation und die Entwicklung zum vereinten Europa auch starke linke Kräfte im politischen Spektrum benötigen."

Mit diesem Beschluß schafften wir das bisherige Symbol der Partei und damit auch das Abzeichen ab und setzten deutliche Signale: Weg von der SED hin zur PDS.

Das Ende?

Wieder ist eine Woche vorüber, am Abend stehen die Montagsdemonstrationen an. Über 200 000 Menschen gehen in zahlreichen Städten trotz des kalten Winterwetters auf die Straßen.
Mehr als 100 000 Demonstranten versammeln sich in Leipzig vor
der Oper. Die Szene bestimmen Losungen wie „Nieder mit der
SED" und „Deutschland einig Vaterland".

Was die SED betraf — damit hatte sich der Vorstand stundenlang befaßt, dazu hatte er seitenlange Dokumente verfaßt.
Die deutsche Frage hingegen kam dort gar nicht — wie in dem
Papier an den Runden Tisch — oder nur en passant in Floskeln —
wie im Beschluß des Vorstands — vor. Mit Beiläufigkeiten wie
„Vertragsgemeinschaft der beiden deutschen Staaten innerhalb
unserer deutschen Nation", in ganz anderen Zusammenhängen
als Reizworte eingefügt, war den immer drängenderen Fragen
nach der Zukunft der DDR und nach der Zukunft in Deutschland
nicht beizukommen.

Auch auf der Vorstandssitzung selbst hatte die deutsche
Frage kaum eine Rolle gespielt. Rainer Willing hingegen, ein
Berliner Arbeiter, sprach sie deutlich an. Bei den Arbeitern herr-
sche mittlerweile ein „einheitlich-deutsches Bewußtsein" vor.
Die theoretischen Auffassungen der Parteimitglieder stünden in
starkem Gegensatz zur Praxis. Die Lage, so Willing, sei „ernster
als ernst — auch weil wir nichts anzubieten haben".

Schließlich befaßte sich Hans Modrow mit deutschlandpolitischen Fragen. Die Alliierten, so schätzte er ein, betrachteten
die Existenz der DDR und die Zweistaatlichkeit Deutschlands als
europäische Realität. Allerdings gebe es „ununterbrochene Konsultationen" über eine Zusammenfügung Deutschlands im europäischen Prozeß und über einen von den beiden deutschen Staaten selbst zu findenden Weg. Aus Gesprächen mit Kirchenleuten
hatte Modrow den Eindruck gewonnen, sie fürchteten eine Eskalation der Forderungen: Stasi weg — SED weg — Modrow weg —
DDR weg.

Hans Modrow wollte in der deutschen Frage Zeichen setzen, jedoch waren ihm mittlerweile die Hände gebunden. Kanzler Kohl hatte inzwischen von seinen im Dezember in Dresden
gemachten Hilfe-Zusagen Abstand genommen. Offenbar ver-

sprach man sich in Bonn angesichts der Entwicklung der letzten
Wochen mehr davon, das angeschlagene, SED-PDS-geführte Kabinett nicht zu stützen oder aufzuwerten, weil jede nachfolgende
Regierung der deutschen Einheit aufgeschlossener gegenüber
stehen würde. Das führte unter anderem dazu, daß Kohl nicht
mehr bereit war, in Sachen Vertragsgemeinschaft mit Modrow
konkrete Vereinbarungen zu treffen. Dies könne nicht — wie
noch in Dresden verabredet — im Frühjahr 1990, sondern erst
nach den für Anfang Mai geplanten freien Wahlen geschehen,
hieß es nunmehr aus Bonn.

Modrow versuchte nun, sich mit der Idee eines „Ad-hoc-
Vertrages" zwischen beiden deutschen Staaten zu retten, um zumindest Voraussetzungen für die von ihm gewollte Vertragsgemeinschaft zu sichern. Zugleich strebte er Vereinbarungen über
Sofortmaßnahmen an, um die Talfahrt der DDR — vor allem in
der Wirtschaft — zu vermeiden.

Am 29. Januar tritt der Ministerpräsident vor die Volkskammer. Inzwischen sind die Parlamentswahlen auf den 18. März
vorgezogen, die Regierung der Nationalen Verantwortung ist
vereinbart. Dennoch: Die Krise in der DDR habe sich weiter zu-
gespitzt, der Staat weiter an Autorität verloren, erklärt er. Die
Lage der Wirtschaft werde durch Warnstreiks und Ausfälle immer bedrohlicher. So hatte es zu Wochenbeginn beispielsweise
in zahlreichen Dresdener Betrieben Warnstreiks „gegen die Er-
haltung und Erneuerung alter Machtstrukturen der SED-PDS"
und die „Restauration von Geheimdiensten in der DDR" gegeben.

Aus dieser Situation heraus reist Modrow nach Moskau zu
Michail Gorbatschow. Bevor das Gespräch beginnt, sagt der sowjetische Partei- und Staatschef: „Mir scheint, es gibt ein gewis-
ses Einvernehmen darüber bei den Deutschen in Ost und West
sowie bei den Repräsentanten der Vier Mächte, daß die Vereinigung der Deutschen niemals und von niemandem prinzipiell in
Zweifel gezogen wird." Als sich die Türen wieder öffnen, sagte
Modrow, „Probleme der Vereinigung der deutschen Staaten"
seien „eingehend erörtert worden". Gorbatschow habe der For-
mel zugestimmt, daß „beide deutsche Staaten ihre Beziehungen
zueinander zielstrebig ausbauen" sollten, um so „das Zusam-
menrücken der DDR und der BRD auf dem Weg einer Konföderation weiterzuverfolgen."

Thomas Falkner:

Für die Lösung der deutschen Frage rückten die entscheidenden Tage heran. Und die Partei hatte noch immer keine klar erkennbare Deutschlandpolitik. Dabei zählten klare, über die Modrowsche Vertragsgemeinschaft hinausgehende Positionen zur deutschen Frage nach wie vor zu den Kernpunkten, wollte die SED-PDS wirklich Politik betreiben. Die Modrow-Linie einer Vertragsgemeinschaft — so hatte ich erst wieder auf der Vorstandssitzung vom 20. Januar gefordert — mußte bis zur Konföderation mit nach hinten offenem Ausgang erweitert werden. Die Kraft der Partei hätte sich darauf konzentrieren können, den Menschen zu zeigen, daß fast alle ihre Wünsche, die sie nach „Deutschland einig Vaterland" rufen ließen, zunächst auch in einem solchen deutschen Staatenbund Wirklichkeit werden konnten: demokratische Verhältnisse in der engeren Heimat, Reisefreiheit, wirtschaftliche Entwicklung an der Seite eines starken Partners, Konvertibilität ihres Geldes.

In diesem Sinne rührte ich nun schon seit November innerhalb und außerhalb der Partei. Ich war damals gerade im DDR-Rundfunk zum SED-Parteisekretär gewählt worden. „Ein Haus wie das unsere, mit einem solchen politischen Potential, muß dazu beitragen, daß die Partei ihre Lethargie überwindet", sagte ich danach. „Wir können keine neuen Gesellschaftskonzepte entwerfen, aber wir müssen eine praktikable politische Idee einbringen"

Der außenpolitische Redakteur Horst Hirt, ein bodenständiger, lebenserfahrener Mann, hatte sie: einen Volksentscheid über die Zukunft der DDR. Gut eine Woche nach meiner Wahl setzten wir uns abends in dem viel zu großen Zimmer des Parteisekretärs zusammen und entwarfen einen Antrag an den bevorstehenden SED-Sonderparteitag. Wir — das waren neben Horst Hirt und mir der spätere stellvertretende Generalintendant des DDR-Rundfunks Dr. Wernfried Maltusch und der Kommentator Klaus-Dieter Kröber, ebenfalls aus der Hauptabteilung Außenpolitik. In dieser Runde war ich mit Anfang 30 bei weitem der Jüngste.

Unser Papier begann so:

„Demonstrationen, Aktionen, Diskussionen münden in die Forderung:

Klarheit über die Eigenstaatlichkeit der DDR.

Klarheit über den demokratischen Sozialismus.

Klarheit über unsere Position in Deutschland.

. . .

Schicksalsfragen kann nur der Souverän, das Volk, entscheiden. Deshalb fordern wir . . . einen sofortigen Volksentscheid zu folgenden Fragen zu beantragen:

1. Sind Sie für die Eigenstaatlichkeit der DDR – ja oder nein.
2. Sind Sie für eine demokratisch sozialistische Gesellschaft – ja oder nein.
3. Sind Sie für eine deutsche Zukunft, in der die beiden deutschen Staaten ihre Beziehungen auf der Grundlage gestalten: Konföderation beider deutscher Staaten in einem gemeinsamen europäischen Haus – ja oder nein.

Das Ergebnis dieses Aktes der Selbstbestimmung muß verbindlich sein für das Handeln aller gesellschaftlichen Kräfte und politischen Parteien . . ."

Unsere Position war klar: Wir wollten eine eigenständige, demokratisch-sozialistische DDR in einer deutschen Konföderation. Dafür warb unser Entwurf auch im folgenden, indem wir uns mit der Entwicklung der DDR auseinandersetzten und zugleich Konturen für eine solche demokratisch-sozialistische Gesellschaft aufzeigten.

Eine deutsch-deutsche Konföderation hatte ich schon Jahre zuvor in Vorträgen in Leipzig befürwortet, damals allerdings noch vorrangig unter sicherheitspolitischen Vorzeichen. Es ging mir darum, historische Gemeinsamkeiten der Deutschen zu nutzen, um zu einer konstruktiven Verzahnung der Block-Interessen auf deutschem Boden zu kommen und so die einander feindlich gegenüberstehenden Seiten auseinanderzuschieben. Unnötig zu sagen, daß dies natürlich den Rahmen sprengte, den die offizielle Politik einer Koalition der Vernunft und des Realismus setzte. „Hinweise" blieben auch nicht aus, ich möge derartige öffentliche Erwägungen künftig unterlassen.

Bereits im November gab es zur Konföderation aus meiner Sicht überhaupt keine Alternative mehr, wenn die DDR überhaupt noch eine historische Chance haben sollte. Dafür sprach ein ganzes Bündel von Gründen: Auch nach 40 Jahren deutscher Zweistaatlichkeit und nach fast 30 Jahren Abgrenzung waren die Deutschen nicht zu zwei Nationen geworden, sondern ein geteiltes Volk geblieben. Mit der Fluchtwelle des Sommers hatte sich endgültig erwiesen, daß ein großer Teil der DDR-Bevölkerung um jeden Preis entschlossen war, ihre persönlichen Probleme und die nationale Frage durch einen Anschluß an das leistungsfähigere, effizientere und offenere deutsche Modell – die Bundesrepublik – zu lösen.

Klar war auch, daß die DDR aus der ökonomischen Sackgasse nicht aus eigener Kraft und auch nicht mit der Kraft ihrer selbst krisengeschwächten Verbündeten, sondern nur mit starker Hilfe des Westens herauskommen konnte. All dies verlangte nach einer mutigen, aus der Konvention ausbrechenden Gestaltung der Beziehungen zur Bundesrepublik, die eine wirkliche Lösung der deutschen Frage in greifbare Nähe gerückt hätte. Es vertrug keine Neuauflage einer Politik der Anschuldigungen, der Negierung der nationalen Probleme, der Eigenbrödelei und des Zurückweichens vor der Annäherung der Deutschen. Die Bewältigung der existentiellen Krise, in die die DDR nach 40 Jahren geraten war, verlangte von Anfang an das Streben nach einer sehr engen und in ihrer Perspektive offenen Konföderation mit der BRD — und zwar bereits vor, nicht nach dem Fall der Mauer. Dies war zumindest meine Sicht und die der anderen drei, die den Antrag entwarfen.

Nun wollten wir aber in einer so sensiblen Sache keinen Alleingang wagen, wollten wir die Unterstützung möglichst großer Teile der damals über 1200 SED-Mitglieder im DDR-Rundfunk. Schließlich ging es ja auch um eine geeignete publizistische Unterstützung unseres Anliegens.

Am nächsten Tag gaben wir die drei Seiten Text in die Öffentlichkeit des Funkhauses Nalepastraße zur Diskussion. Es war der Tag, an dem Kanzler Kohl im Bundestag seinen 10-Punkte-Plan zur deutschen Einheit vorstellte. Dies mag für den Verlauf der Debatte eine Rolle gespielt haben, ich halte jedoch tiefer liegende, länger angestaute Hemmnisse für ausschlaggebend. Wie auch immer, es zeigte sich alsbald ein für die gesamte SED typischer Zustand: die radikale Herangehensweise war nicht mehrheitsfähig. In der Frage Volksentscheid ja oder nein ging sehr schnell ein tiefer Riß durch die Mitgliedschaft. Natürlich gab es Leute, denen durchaus klar war, daß die SED nicht mehr über die Zukunft der DDR zu entscheiden hatte, sondern bestenfalls für diese Entscheidung günstige Rahmenbedingungen anbieten konnte. Doch die meisten befürchteten, und sagten dies ganz offen, das Volk könnte wirklich die Vereinigung der beiden deutschen Staaten wünschen. Diese Angst verband sich mit dem SED-typischen Aberglauben, man könne diesem Wunsch aus dem Wege gehen, indem man dem Thema insgesamt aus dem Wege geht.

Jedenfalls setzte ein wahrer Sturm auf mein Büro ein. Leute, die mich noch eine Woche vorher applaudierend auf den Schild gehoben hatten, warfen mir nun voller Empörung vor, die DDR liquidieren zu wollen, ein politischer Abenteurer zu sein. „Ich kann nur warnen", wiederholte unablässig ein von mir anson-sten sehr geschätzter älterer Kollege. Man erbot sich, mir mit weisem Rat zur Seite zu stehen, damit ich in meiner Jugend nicht falschen Ratgebern anheimfiele. Der Vorstoß war zunächst nicht durchzuhalten.

Dessen ungeachtet arbeiteten wir weiter in diesem Sinne. Während unser Antrag noch formuliert wurde, hatten Stefan Heym, Christa Wolf und andere ihren Aufruf „Für unser Land" in die Öffentlichkeit gebracht und zu einer Unterschriften-Aktion aufgerufen. Zu ihnen suchten wir Kontakt, um unter Umständen auch ohne Hinterland im Rundfunk zu einem gemeinsamen Vorstoß in Sachen Volksentscheid zu kommen. Wir fuhren deshalb zu Stefan Heym, der das Papier mit Staunen las. „Und Sie kommen von der SED?" fragte er mehrmals, als wir im Wohnzimmer seines Hauses saßen. „Das ist mutig." Er grübelte lange. „Sie wissen aber, daß das auch anders ausgehen kann als wir wünschen." Dieser Einwand war uns in den wenigen Stunden mehrfach begegnet, die seit Bekanntwerden unserer Idee im Funkhaus vergangen waren. Aber wir wollten ja den Volksentscheid, um zur Auseinandersetzung um Sinn und Nutzen der DDR zu zwingen, um Argumenten und nicht Parolen zur Geltung zu verhelfen. Und wenn der Volksentscheid gegen die Eigenstaatlichkeit des Landes ausgefallen wäre — was hätte dann überhaupt noch den Willen des Volkes aufhalten sollen? Was wäre mehr geschehen, als den — wie wir heute wissen — ohnehin klaren Entscheidungsprozeß abzukürzen und ihm juristisch stichhaltige Rahmenbedingungen zu geben?

Stefan Heym hatte dem nichts entgegenzuhalten. Lediglich Argwohn ließ er anklingen, ob die Deutschen in nationalen Dingen vernunftgemäß zu entscheiden in der Lage wären. Auf die Frage, ob wir ihn zu den Befürwortern eines solchen Volksentscheides zählen dürften, antwortete er zunächst mit ja.

Als ich am Abend desselben Tages nach Hause kam, rief mich die Nachbarin zum Telefon. Stefan Heym, so erfuhr ich, wollte sich doch vor allem auf den Aufruf „Für unser Land" konzentrieren und seinen Namen nicht für anders geartete Projekte hergeben. Wir mögen ihn nicht öffentlich bemühen, wenn er uns auch Erfolg wünsche. Zaudern war also nicht nur ein Problem der SED.

Wie auch immer — die Partei hatte bis Ende Januar 1990 noch immer kein deutschlandpolitisches Konzept. Offiziell galt die Linie auf eine Vertragsgemeinschaft; Hans Modrow hatte sie erst am 20. Januar bekräftigt. Andererseits hatte die Kommission

Internationale Politik beim Parteivorstand in ihrem Europa-Konzept die SED-PDS klar auf eine Konföderation festgelegt – nur hatte es bislang niemand so recht bemerkt, schien mir. In dem Konzept hieß es mit Stand vom 18. Januar 1990: „Die SED-PDS unterstützt einen umfassenden und schrittweisen Prozeß deutsch-deutscher Annäherung, der über eine Vertragsgemeinschaft zu einem Staatenbund der beiden deutschen Staaten führt als Beitrag zur Entmilitarisierung und Demokratisierung der europäischen Staatenbeziehungen . . ." Allerdings ging dieses Konzept nicht von einer nach vorn offenen Entwicklung aus, die auch einen Einheitsstaat nicht ausschloß, sondern betrachtete die Konföderation als Endpunkt. „Unser Ziel ist die Überwindung der Spaltung Europas", hieß es. „Eine nationalstaatliche Vereinigung der beiden deutschen Staaten würde diesem Ziel nicht dienen . . ."

Am 30. Januar 1990, dem Tag, an dem Modrow nach Moskau reist, sorgt Gregor Gysi schließlich für komplette Verwirrung. In einem Interview der BILD-Zeitung, in Nachrichtenfassung vom „Neuen Deutschland" dokumentiert, erklärt Gysi zur Frage der Vereinigung: *Dieser Prozeß ist nicht mehr aufzuhalten*, aber es wäre unverantwortlich, jetzt so zu tun, als ob es morgen möglich wäre." (Hervorhebung Th. F.)

Wollte sich also die SED-PDS mit dem unvermittelten Kurs auf Herstellung der staatlichen Einheit Deutschlands abfinden und sich lediglich auf eine Kritik von Tempo und Methoden beschränken? Worum ging es ihr nach diesen Gysi-Sätzen – um die Einheit der Deutschen oder um die Einheit Deutschlands? Ging das eine nur mit dem anderen, durch das andere? Brauchte es nicht in jedem Fall eine Phase des geordneten Miteinanders der über 40 Jahre getrennten deutschen Staaten?

In diesen Tagen begann die seit Wochen verzögerte Arbeit am Wahlprogramm der SED-PDS, jetzt unter zusätzlichem Druck durch den vorgezogenen Wahltermin. Nach dem Rückzug Berghofers, der den Wahlkampf-Stab an sich gerissen und dort Bewegung eher verhindert als gefördert hatte, übernahm nun der für Medien und Öffentlichkeit zuständige Bereich von Lothar Bisky die Vorbereitung auf die Wahlen. Als dessen Stellvertreter war auch ich davon betroffen. Da ich Ende Januar eine Reihe von freien Tagen hatte, brauchte ich nicht ins Funkhaus – seit 1. Januar 1990 arbeitete ich trotz meiner Parteifunktionen wieder regulär als Nachrichtenredakteur, allerdings nicht als verantwortlicher Leiter; zudem hatte ich die SED-PDS-Grundorganisation im Rundfunk mit Jahresbeginn aufgelöst – und verbrachte

nun meine Zeit im Großen Haus. Lothar Disky und ich wurden
sich schnell einig, daß im Wahlprogramm der Partei klare Aussagen zur Deutschlandpolitik enthalten sein mußten. Wir einigten
uns, daß ich unter anderem zu dieser Frage einen Entwurf erar-
beitete. Nach einigen Beratungen im Wahlkampfstab und einigen redaktionellen Strichen und Ergänzungen hatte es der Wahlkampfstab der SED-PDS am Donnerstag, dem 1. Februar 1990,
kurz vor 13.00 Uhr, beschlossen: Ziel der Partei für die Wahlen
sollte eine sehr enge und zugleich sehr offene, eine nicht vorrangig auf Bewahrung des Zurückliegenden, des Trennenden,
sondern auf Gestaltung des Neuen, des Einigenden gerichtete
Konföderation der beiden deutschen Staaten sein. So hätte die
SED-PDS in dieser Frage vor ihre Wähler und vor das deutsche
Volk treten können:

„FÜR EINEN MASSVOLLEN UND EUROPÄISCHEN WEG
NACH DEUTSCHLAND – Deutschland einig Vaterland – dieser
Satz aus der Nationalhymne der DDR kann jetzt Wirklichkeit
werden. Wir wollen die Einheit der Deutschen in einer Konföderation, das heißt in einem Bund der beiden deutschen Staaten
und der in ihnen lebenden Menschen. Der Weg dorthin beginnt
mit der von Hans Modrow vorgeschlagenen Vertragsgemeinschaft zwischen der DDR und der BRD.

So sehen wir die deutsche Konföderation:
– Dauerhaft offene Grenzen für alle, Freizügigkeit in der Wahl
des Wohnortes, freier Austausch von Informationen und Mei-
nungen.
– Gemeinsame fortschrittliche Politikansätze für Wirtschaft und
Soziales. Baldige Überwindung der währungsbedingten Spal-
tung in Deutsche erster und zweiter Klasse.
– Gemeinsame Rechtsrahmen.
– Gesamtdeutsche demokratisch legitimierte Körperschaften.
– Aktive Friedens- und Abrüstungspolitik nach West und Ost
und globale Verantwortung von Nord nach Süd.
– Förderung und Schutz einer lebendigen deutschen National-
kultur und -geschichtsschreibung sowie ihres Beitrages zur Völ-
kerverständigung.
– Bewahrung und Schutz der natürlichen Lebensumwelt in
Europa.
– Vorreiter der europäischen Einigung – ohne deutsche Allein-
gänge, ohne Grenzdiskussionen, ohne Vormachtansprüche.
Vier Jahrzehnte paralleler deutscher Geschichte, die im kalten Krieg begonnen haben, können jetzt miteinander verflochten und für Europa produktiv gemacht werden.

Für ein europäisches Deutschland: Entmilitarisiert, demokratisch, human, Freund und Partner seiner Nachbarn!"

Mit dieser Passage, die am folgenden Sonnabend dem Parteivorstand zur Bestätigung vorgelegt werden sollte, ging ich in mein Zimmer im Großen Haus. Ich war recht zufrieden. Sicher, wir waren mit dieser Linie wieder viel zu spät gekommen und hatten wieder vieles zu diffus formuliert. Aber, so schien es mir, wir waren nicht ganz hinter der Zeit hinterher. Es war immerhin noch die Phase, in der Bundesbank-Präsident Pöhl und andere Banker in Sachen Währungsunion warnend die Hände über dem Kopf zusammenschlugen. Auch waren Signale bei mir eingegangen, daß man selbst in Bonn zumindest noch für einige Jahre die Existenz der DDR für nötig hielt. SPD-Chef Vogel hatte dieser Tage einer Konföderation absoluten Vorrang eingeräumt, er wollte sie schnell errichten und dann längere Zeit erhalten. Damit konnte ich sehr gut leben. Und schließlich glaubte ich, man könnte mit einem solch weiten Begriff von einer Konföderation den Spannungen in der DDR die Schärfe nehmen, hatten doch beispielsweise noch am zurückliegenden Wochenende in Plauen, einer der Hochburgen der Revolution, 35 000 Menschen gegen die SED-PDS, aber auch für eine deutsche Konföderation demonstriert.

Abends gegen 17.00 Uhr fuhr ich zu meinem Kampfgefährten aus der Vor-Parteitags-Zeit, Wernfried Maltusch. Als ich mein Auto in der Nähe seines Hauses parkte, begannen im Radio die Nachrichten. Wie immer in solchen Situationen blieb ich noch einen Moment sitzen, um die neuesten Meldungen zu hören. An Schlimmes, Beunruhigendes war man in dieser Zeit gewöhnt. Doch dann traf es mich wie ein Schlag: Hans Modrow hatte am Nachmittag seinen Plan für „Deutschland einig Vaterland" vorgestellt. Niemand im Haus, auch die Präsidiumsmitglieder nicht, hatte gewußt, was der Ministerpräsident und stellvertretende Parteivorsitzende ausgearbeitet hatte: eine ganze „Konzeption für den Weg zu einem einheitlichen Deutschland". Über den Abschluß eines Vertrages über Zusammenarbeit und gute Nachbarschaft und die anschließende Bildung einer deutschdeutschen Konföderation, der dann Souveränitätsrechte übertragen werden sollten, wollte Modrow alsbald zur Bildung „eines einheitlichen deutschen Staates in Form einer Deutschen Konföderation oder eines Deutschen Bundes" kommen.

Auf der Parteivorstands-Sitzung einige Tage später interpretierte Gregor Gysi die Modrow-Initiative in seinem Referat so, als stünde sie nicht im Gegensatz zur bisherigen Pro-DDR-Orientierung in der Deutschlandpolitik der Partei. Er ging vor allem auf Modrows Bedingungen ein, das neue Deutschland solle neutral und entmilitarisiert sein, und sah darin eine Art Stolperstelle und einen „Schutz" für die DDR, weil die westlichen Partner dies nicht akzeptieren würden. Doch dies – so entgegnete ich ihm später in meinem Diskussionsbeitrag – war ein Trugschluß: Selbst wenn man Fallen als politisches Mittel in einer solch sensiblen Situation akzeptieren wollte, so ging das Kalkül dennoch nicht auf: Nach dem 18. März 1990, dem Tag der Volkskammer-Wahl, würde die SED-PDS nicht mehr regieren. Somit blieb von dem deutschlandpolitischen Alleingang Modrows nur ein einziges wirkliches politischen Signal: Es gab keine wichtige politische Kraft mehr, die sich der Bildung eines einheitlichen deutschen Staates verschloß. Das Ende der DDR war besiegelt.

Mein persönliches und politisches Vertrauen in Hans Modrow war endgültig zerstört. Doch ich war der einzige im Parteivorstand, dem es so ging oder der es zumindest offen aussprach. Die Partei stellte sich hinter Modrow.

Dies war, so meine ich, das eigentliche Ende der SED: Der Verzicht auf den von ihr getragenen Staat machte diese alte Partei nicht nur als Staatspartei, sondern als in der Tradition der SED stehende Kraft insgesamt überflüssig. Die Partei hatte ihr letztes, ihr aus der Geschichte zukommendes Thema verloren. Sie mußte jetzt eine neue, andere werden oder endgültig untergehen.

Insofern hatte es seinen tieferen Sinn, wenn gerade auf dieser Vorstandssitzung der Parteiname in PDS geändert und das Kürzel SED fallengelassen wurde, obwohl die vom Parteitag beschlossene Urabstimmung nicht stattgefunden hatte.

Gregor Gysi:
Ich war über Hans Modrows Gedanken etwa zwei Tage vorher informiert, bevor er zu Michail Gorbatschow fuhr. Natürlich fielen uns beiden solche Überlegungen nicht leicht, und Hans Modrows Schritt hat der Partei auch Verluste eingebracht, vor allem unter Linken. Aber wie war denn die Lage im Land? War denn im Januar die DDR noch zu retten? Die Demonstrationen in Leipzig und anderen vor allem sächsischen Städten ließen schon die Frage absurd erscheinen.

Ich grübelte lange. Daß die DDR in ihrer klassischen Form nicht mehr weiterexistieren konnte, war mir am 9. November 1989 klargeworden. Und zwar schlagartig, obwohl ich es auch nicht richtig wahrhaben wollte. In dieser Nacht hat mich meine

Freundin angerufen, weil sie gerne wollte, daß ich mit ihr über die Grenze gehe. Ich hatte die Öffnung bis dahin gar nicht mitbekommen. Jedenfalls sagte ich zu ihr sofort: „Das ist der Anfang vom Ende der DDR". Daraufhin meinte sie, das glaube sie nicht. Die Leute wollten doch schließlich nur eine Tasse Kaffee trinken. Schon, erwiderte ich, das spricht für die Leute. Aber da die Grenzöffnung jetzt in Panik geschehen war, ohne daß irgendwelche Konditionen vorher geklärt waren, ohne daß Subventionen abgebaut waren oder dafür Ausgleichszahlungen aus der Bundesrepublik vorgesehen waren, schien mir dieser Vorgang wirtschaftlich und politisch nicht durchstehbar.

Trotzdem habe ich auf dem Sonderparteitag die Hoffnung vertreten, daß es uns gelingt, eine glaubhafte demokratisch-sozialistische Alternative in der DDR zu gestalten. Zumindest fand ich, wir dürften nicht aufgeben, ohne es wenigstens versucht zu haben. Allerdings waren wir, was die deutschlandpolitische Einbettung dieses Versuchs anging, wirklich schwach auf der Brust.

Als mir Jochen Willerding später erzählte, wie er im Arbeitsausschuß mit seinem Projekt für eine Konföderation durchflog, hat mich das sehr bekümmert. Ich habe auch an dieser Sitzung nicht teilgenommen, weil ich mit dem Untersuchungsausschuß zu tun hatte, der die Verfehlungen der alten Führung aufdecken sollte. Das lief ja alles parallel. Ich bekam also keine Zuarbeit in Sachen Konföderation, und so blieb alles zu allgemein. Ich befand mich in der schlimmen Situation, keine Zeit zu haben, um über all das gründlich nachzudenken, wofür ich plötzlich verantwortlich war. Daher weiß ich heute auch gar nicht so richtlg, wie ich mich verhalten hätte, wenn ich im Arbeitsausschuß bei dieser Diskussion dabei gewesen wäre. Ich hoffe, ich hätte eine Konföderation befürwortet. Dann hätte ich es sicher auch in meine Rede während des zweiten Teils des Sonderparteitages mit aufgenommen. Und dann, das glaube ich zumindest, wäre vielleicht die Debatte in der Redaktionskommission auch konstruktiver ausgegangen. Aber das ist natürlich von heute aus alles spekulativ.

Dennoch halte ich diese Entwicklung für tragisch, denn hätten wir uns damals zur Konföderation durchgerungen, hätten wir in bestimmten Fragen zumindest mehr gestaltend einwirken können.

So kam es nun acht Wochen später zu Hans Modrows Deutschlandplan. Er bleibt ein wichtiges zeitgeschichtliches Dokument. Ich bin auch heute noch dafür, ihn in seiner Gesamtheit zu betrachten. Da stand doch nicht nur drin, daß ein Einheitsstaat kommen soll. Modrow wollte über eine Vertragsgemeinschaft zur Konföderation und Neutralität gelangen. Deren Ausbau erst – etwa durch Übertragung von Souveränitätsrechten an ihre Organe – hätte nach seinem Plan zu „Deutschland einig Vaterland" geführt. Und selbst da war noch offen, ob Deutschland weiter ein Staatenbund bliebe oder gleich ein Bundesstaat würde, und alles eingeordnet in den europäischen Einigungsprozeß.

Es ging also um einen gestaltbaren, würdigen Weg in die deutsche Einheit. Das ist das eine. Die andere Komponente: Mit dem Deutschland-Plan gewannen wir wieder politischen Spielraum, konnten unser Denken und Handeln angesichts der absehbaren Entwicklung nach vorn richten, uns am Disput über das zukünftige Deutschland beteiligen. Der Plan war auch insofern eine Zäsur, als sich nach dem 1. Februar 1990 unsere Anhänger- und Mitgliederschar nicht mehr in jene, die diesen Prozeß der deutschen Einigung mit dem Blick nach vorne gestalten wollten, und in jene, die ihn generell ablehnten, teilte. Dadurch haben wir natürlich Linke verloren. Aber wir haben eben auch eine andere Rolle spielen können bei wichtigen Sachfragen.

Dennoch handelte es sich bei Hans Modrows Plan natürlich nicht um ein Dokument für unsere Partei. Hans Modrow hat von Anfang an deutlich gesagt, daß er den Plan aus seiner Verantwortung als Ministerpräsident der DDR vorlegt – und jeder wußte damals, daß für Hans Modrow die Verantwortung vor dem Volk über den Verpflichtungen aus der und für die Partei standen. Außerdem hat er diese Erklärung als Ministerpräsident einer Koalitionsregierung abgegeben, sie mußte also auch die Zustimmung der anderen Partner finden. Das hat sich in den Formulierungen ausgewirkt.

Unser Parteipräsidium hat am nächsten Tag eine Stellungnahme abgegeben, sie war etwas distanziert und forderte zusätzlich die Entmilitarisierung. Und wenn man das Positionspapier unserer Kommission Internationale Politik und die öffentlichen Äußerungen Jochen Willerdings Mitte Februar nimmt, dann wurde doch daraus auch klar, daß wir den Schwerpunkt auf Vertragsgemeinschaft und Konföderation setzten. Das mündete dann auch in der Debatte um die deutsche Einheit nach Artikel 23 oder Artikel 146 des Grundgesetzes – also Anschluß oder Vereinigung mit Schaffung eines neuen Staates aus dem Besten der beiden alten. Die Frage war also immer: Findet man über die DDR eine Möglichkeit, die deutsche Einheit zu gestalten – etwas, worauf andere dann später völlig verzichtet haben.

Hans Modrow hat sich später selbst noch lange mit seiner Deutschland-Initiative auseinandergesetzt. Ich rate ihm nicht zu Selbstzweifeln.

War nun die SED-Geschichte Anfang Februar 1990 beendet? Die SED hatte sich als Staatspartei in dieser DDR breitgemacht, beide hingen ganz eng miteinander zusammen, waren verwoben, durchwachsen, teilweise gar nicht zu unterscheiden. Man sollte aber auch nicht ganz vergessen, daß die SED eine Zeit lang sehr lautstark für die Einheit Deutschlands eintrat und viele ihrer Mitglieder dieses Anliegen ehrlich verfochten. Allerdings ist es schon richtig: Modrows Deutschlandplan war ein Zeichen dafür, daß das Ende der DDR und damit auch der SED und ihrer Politik in der bisherigen Form herangerückt war.

Parteigeschichtlich, im Transformationsprozeß von der SED zur PDS, standen wir an einer Zäsur. Der Partei wuchs eine völlig neue Funktion zu. Es wurde dringend erforderlich, daß im künftigen einheitlichen Deutschland und in seinem Parlament die spezifischen Interessen der BürgerInnen der dann ehemaligen DDR politisch vertreten werden. Da aber — bis auf die Bürgerbewegungen — alle anderen Parteien mit westdeutschen Parteien fusionierten und dort dann schon eine wesentlich geringere Rolle spielten, werden sie diese spezifischen Interessen kaum noch in das Parlament einbringen können. Hinzu kommt, daß wir eine komplizierte Vergangenheit, eine schwer auf uns lastende Geschichte haben. Aber gerade das verpflichtet uns in besonderem Maße, die Interessen der Menschen wahrzunehmen, die in der DDR gelebt haben. Wir sind ihnen eben mehr schuldig als die anderen.

Was die Zukunft der Partei anbetraf, so schöpfte ich schon am Tag nach Hans Modrows Deutschland-Plan wieder Mut, als ich in Moskau mit Michail Gorbatschow zusammentraf.

Ich war reichlich nervös, als ich mich auf sein Arbeitszimmer zubewegte. Endlich kam ich in einen Raum mit lauter Journalisten, da stand auch Gorbatschow, der Mann, den man seit Jahren bewundert, aber der so weit weg war. Ohne daß wir uns irgendwie ein Zeichen gegeben hätten, war sofort gegenseitig klar: Einen Bruderkuß gibt es nicht. War das ein Signal der Abkühlung, der Verärgerung, der Distanz? Die Westpresse spekulierte kräftig über die Tatsache, daß es den Bruderkuß zwar mit Hans Modrow gegeben hatte, aber nicht mit mir. Allerdings: Am Ende des Gesprächs — ohne Presse — haben wir uns doch noch umarmt.

Da hatten wir intensive Arbeit hinter uns, gründliche Debatten über die Deutschlandpolitik und über die Entwicklung in der Sowjetunion. Bei aller Souveränität war Gorbatschow die Kompliziertheit der Situation in seinem Land deutlich anzumerken. Beeindruckend waren sein Realismus und die Ausgewogenheit seiner Einschätzungen. Das hat meines Erachtens viel mit menschlicher Wärme zu tun: Gorbatschow sieht hinter jedem politischen Prozeß konkrete Menschen und die Auswirkungen auf ihr Leben.

Wir sprachen über die sterbende DDR und über den Überlebenskampf unserer Partei. Gorbatschow bereitete damals gerade die ZK-Tagung vor, die den 28. KPdSU-Parteitag einberufen sollte. Er suchte Ideen — etwa wie man mehr Parteien zulassen kann. Da war er an unseren Erfahrungen interessiert. In der Tat sind Begriffe und auch Elemente unserer Programmatik im neuen Programm der KPdSU wiederzuerkennen.

Natürlich war das nicht nur ein Ergebnis dieses einen Gesprächs. Aber wir hatten eben nicht so belanglos wie früher erklärt, daß es nun eine neue Stufe der Zusammenarbeit zwischen unseren beiden Parteien geben soll. Engere Kontakte zwischen den Kommissionen des Parteivorstandes und ihren sowjetischen Partnern zum Zweck wirklichen konkreten Erfahrungsaustausches, gemeinsame intensive Arbeit an theoretischen Problemen des demokratischen Sozialismus, verstärkter Austausch von Mitgliedern beider Parteien für Studium und Weiterbildung — all das war ernst gemeint.

Etwa ein halbes Jahr später war Gregor Gysi wieder in Moskau. Diesmal galt es zu klären, ob 107 Mill. DM aus dem Parteivermögen illegal auf KPdSU-Konten transferiert wurden. Das Ergebnis war deprimierend: Der Kreml bestätigte, was Tage zuvor schon die Staatsanwaltschaft in Berlin beschäftigte. Die Eigentumsfrage hatte die Partei eingeholt.

Gregor Gysi: Die Situation ist teilweise schlimmer als im Dezember, weil es jetzt um Selbstverschuldetes geht. Bisher warf man uns unsere politische Herkunft vor. Jetzt sind wir es, die solche Fehler gemacht haben. Hier gehts um die Bewältigung der Gegenwart und nicht der Geschichte. Wir müssen den Finanzskandal für einen Erneuerungsschub nutzen. Wenn wir das nicht machen, dann ist alles vorbei.